JN069114

学校DXと「個に応じた学習」の展開

著
加藤幸次

次期学習指導要領の改訂を視野に入れた
「学習モデル」へトランスフォームする

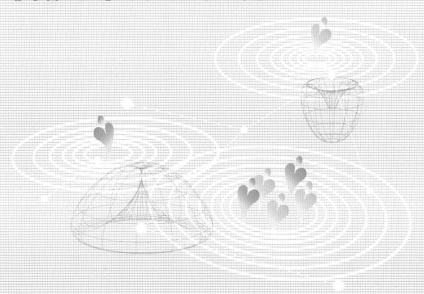

黎明書房

はじめに

　「失われた10年」が今や「失われた30年」になりつつあると心配されています。この長期にわたる経済的不況の克服を目指して，経済産業省はIT技術を利活用したDXにより，企業に新しい「ビジネスモデル」の創造を促し，産業の一大変革を試みようとしています。この動きに呼応して，文部科学省は「GIGAスクール構想」のもと，2022年度には「一人一台デジタル端末」環境を作り，2024年度からはデジタル教科書が配布されることになっています。すでに，2021年末には，教育DX推進本部を立ち上げています。

　本書のねらいは，教育DXを絞り込んで「学校DX」とし，不確実なグローバル時代に対応した新しい学校教育の創造を目指す「モデル」を作り出すことにあります。私たちは約50年間にわたって，「個に応じた指導」という旗印のもとに，学校教育を作り出してきました。このあり方をより一層子どもたちの「学習」に近付けていきたいのです。学校DXを機に，次期学習指導要領の改訂を待ってIT技術を利活用して，「個に応じた"学習"」モデルに導かれた学校教育を作り出すことです。

　振り返ってみますと，"一斉画一"から"個"へのパラダイム転換を目指して，まず，私たちは「ヘゲモニー（主導権）」という概念から一斉画一的な指導というあり方に挑戦し，「指導の個別化」と「学習の個性化」に分離させることに成功しました。次に，子どもたちの間にある「個人差」に注目し，一斉画一授業にとってかわる個人差に応じた指導学習プログラム（個別指導システム）を作り出し，具体的に授業を展開してきました。

　「個に応じた指導」は従来の一斉授業の変革を迫りながら，今日「資

質・能力（コンピテンシー）」につながる「生きる力」の育成を目指してきました。具体的には，1971年のいわゆる『46答申』を受けて，さらに，1987年の臨時教育審議会の最終答申を受けて，子どもの主体的，創造的な成長を促す「自己教育力（自ら学ぶ力）」の育成にねらいを定め，研究し，実践してきました。次期学習指導要領の改訂において，今までにもまして，「資質・能力（コンピテンシー）」の育成という方針が強調されるものと期待されます。

　私たちが多大な時間とエネルギーを注いできたことは，子どもたちの自学自習を促す「学習材」の作成でした。教師から支援を受けつつも，子どもが自分一人で，あるいは，友だちと一緒に自力解決していける「学習材」づくりです。

　さらに，1989年の生活科，1998年の総合的な学習の時間の導入を受けて，子どもたちのより広い自学自習活動を可能にする柔軟な「時間割」づくりを試みてきました。

　また他方で，子どもたちが自学自習を促す学習材を用いた学習活動を主体的，創造的に進められるように，「メタ認知力」の育成を目指した「自己評価活動」づくりに力を入れてきました。

　本書の目指すところは，「個に応じた指導」という理念と実践を進展させ，「個に応じた"学習"」モデルを作り出すことであると言いましたが，具体的には，これら3つの教育的手立て，すなわち，「学習材」，「時間割」および「自己評価活動」をさらに深化させることです。別な言い方をすると，これら3つの教育的手立ては「自己教育力（自ら学ぶ力）」の育成に欠かせない必須の手立てで，未だ不十分なところがあり，この際，IT技術を利活用して，より充実したものにしたいと願っているのです。

　より充実させるための基本的な方略を「DX'Z」，すなわち，「指導の個別化」から「学習の個性化」への移行と定め，挑戦していきます。具体

的には、「指導の個別化」に属する A，B 領域，「学習の個性化」に属する C，D 領域を"Z"の方向に可能な限り動かしていくことです。子どもたちの学習活動を A⇒B⇒C⇒D と Z 字の方向に引き込んで，可能な限り「学習の個性化」領域を拡大したいのです。（25 ページの図 1 参照）

　自責の念に駆られてきたことの 1 つは，私たちは，これまでも，子どもたちの自学自習活動を保証する「学習材」を作成してきましたが，何より，作成に多大な時間とエネルギーを費やしてしまったことです。それがために，多くの教師たちが「個に応じた指導」というあり方に理解を示しながらも，その実践には躊躇してきたと考えています。

　したがって，学校 DX 化の第 1 ステップ（デジタイゼーション）に属する IT 技術を活用して，自学自習学習材の作成と集積と普及を図りたいのです。さらに，この DX 化の機会をとらえて，より子どもたちの主体的，創造的な学習活動に力点を置いた「学習材」の作成をしたいのです。具体的には，「生活科」，「総合的な学習の時間」，さらに，「教科等横断的な学習」での子どもたちのより一層の"参画"を意図して，新しい「契約学習シート」を作り出し，子どもたちの自主的，積極的な「学習活動」の幅を広げたいのです。

　もう 1 つは，学校 DX 化の第 2 ステップ（デジタライゼーション）に属する活動ですが，IT 技術を活用して，子どもたちのより自由な学習活動を保証することができる"柔軟な"「時間割」を編成したいのです。なぜなら，子どもたちが学習活動において"主人公"になるためには，子どもたちは，自ら学習活動について，可能な限り長期間にわたって，自ら学習計画を立案し，コントロールすべきです。DX 化の第 1 ステップ（デジタイゼーション）に属する IT 技術を活用して作成する「自学自習学習材」は 1 つの単元レベルで考えられてきています。それに対して，この第 2 ステップ（デジタライゼーション）では，子どもたちが"自分のペース"で学習することが保証され，"自分の興味・関

心”から学習課題を選択したりあるいは決めたりし，追究したりすることができるようにしたいのです。

　最後の1つは，「自己評価活動」を通して，子どもたちが自ら行う学習活動の“主体者”になることができないか，ということです。飛躍していると言われそうですが，「指導と評価」の一体化ではなく，「“学習”と評価」の一体化が図れないか，と考えます。言うまでもなく，評価活動は教師が自分の指導のあり方を反省し，見直す機会ですが，より重要なことは，子どもたちが自ら学習活動をフィードバックするという視点から見直すことです。「メタ認知力」の育成を目指す自己評価活動は学習を評価に結び付ける核心的な活動になると考えられます。容易なことではありませんが，学校DX化の第3ステップ（デジタル・トランスフォーメーション）に属する新しい「学習モデル」の創造につながる原点となると信じます。

　ITも，DXも共に手段にすぎません。ITはDXのための手段で，DX化は子どもたち一人ひとりの主体的，創造的な学習活動を保証する方向で機能すべきです。学校DXの目指すものは「個に応じた“学習”」モデルです。

　周知のように，私たちはAI革命の波の中に放り込まれてしまいました。2022年11月，突然，ChatGPTなる対話型AIが紹介され，情報の世界に一大革命がおこる気配がします。同時に，AIの学習活動への本格的な参入が始まりそうです。特に，言語の分野では，DeepLやGoogleの翻訳ソフトを越えて，翻訳はもちろんのこと，文章の添削や要訳，さらに作文までしてくれます。早晩，英語教育ばかりでなく，国語教育も大きく変貌しそうです。その上，ビッグデータを集積しているGoogleの検索機能をはるかに超えて，チャット機能を活用して指示（プロンプト）すれば，検索した内容をより一層深めることができるのです。

　どうも，ChatGPTは一時的なトレンドではなく，根本的な変化をも

たらす手段らしいのです。やがて，教育の世界にも取り入れられ，指導とか，学習といったあり方を根底から変革しそうです。まさに，学校DXについて考え，学校教育の新しいモデルを作り出す好機です。

　本書はこれまでに出版した4冊の『考え方・進め方』シリーズ：『アクティブ・ラーニングの考え方・進め方』(2016年)，『カリキュラム・マネジメントの考え方・進め方』(2017年)，『教科等横断的な教育課程編成の考え方・進め方』(2019年) および『個別最適な学び・協働的な学びの考え方・進め方』(2022年)を基礎にして，今回，「学校DX」が目指す新しい"学習モデル"の創造を目指して書いてみました。本書が，劇的な変化が予想される近未来の学校教育改革に対して，一筋の光になることを切に願っています。

　今回もまた武馬久仁裕社長からの支援と励ましをいただきました。また，都築康予さまに編集していただき，精緻でかつ読みやすいものにしていただきました。今回は，ことのほか，ご苦労をおかけしたと思います。残された人生の余白がますます狭まってきていると実感している今日この頃ですが，書かせていただく機会を与えていただきましたことに心から感謝しています。

　本書は，そろそろ，50周年を迎える日本個性化教育学会を支えてきてくれた先生方にささげます。頑張ってきました。感謝です。

　2023年9月

　　　　　半田市（新美南吉のふるさと）の実家にて
　　　　　葛の花　南吉館の　裏の森
　　　　　　　　　日本個性化教育学会会長　加藤幸次

目　　次

第5章　DX化を通して，「学習の個性化」領域での自己評価活動を充実させる　*119*

第1章

学校 DX を機に，
私たちは何を目指すべきか

プロローグ　時代が時代ですので，早速，ChatGPT に "ChatGPT は学校 DX にどのような貢献ができるか" と尋ねてみました。回答が長かったので，次に，"400 字以内に要約してください" とプロンプトしてみました。さらに，回答に重なりがあると思われましたので，再度，プロンプトして得た回答は以下のようです。（尋ねた日付：2023 年 4 月 15 日）

① 質問応答や説明支援による学習者の理解促進とオンライン授業のサポート。

② インタラクティブな学習支援による自己学習スキルの向上。

③ 探究的学習のサポートによる学習者の自発的な学習促進。

④ AI によるフィードバックと評価による学習者の改善点の特定。

⑤ 資料の自動生成による教材作成の効率化。

⑥ AI による学習分析による学習者の学習傾向の把握。

これらは 2023 年 4 月の時点での回答で，まとめてみますと，①，②，③，④は学習者への個別的なサポート対応，⑤は教材作成，⑥は学習活動の分析などで，IT 技術の利活用のレベルの回答です。この時点では，DX が目指す新しいモデルの創造には言及がありません。

この章では，まず，ビジネスの DX（デジタル・トランスフォーメーション）を推進してきている経済産業省の動きに触れ，DX とは何で，何を目指しているのか，考えてみます。同時に，文部科学省も「GIGA スクール」や「教育 DX」を推進していますので，その動きに触れ，「個に応じた指導」という旗印のもとで研究し，実践してきた私たちは，「学校 DX」という動きの中で，何を目指すべきか，考えたいと思います。結論から言えば，"指導" に力点を置いてきたあり方から，より一層 "学習" に力点を置いたあり方に迫りたいのです。目指すは『個に応じた学習』モデルづくりです。

1 経済産業省は新しい「ビジネスモデル」の構築を目論む

(1) 2018 年の『DX レポート』に始まる

　高度経済成長期に続くバブル経済が 1991 年頃には収束し，「失われた 10 年」と言われる経済の停滞期を経て，なおかつ，日本の経済はこの 20 年近くにわたって停滞したままです。しかも，なお，回復の兆しが見えません。このような深刻な経済不況を打開するために，経済産業省は DX を標榜して，産業の一大変革を目指そうとしているようです。

　2018 年，経済産業省は DX に向けた研究会を開き，『DX レポート』を公にしています。このレポートで，研究会は，世界の先進国に比べて日本企業の DX 化が遅れていると指摘し，その原因に既存のシステムの構築方法やその仕様が不明確でブラックボックス化していることを挙げています。既存の「レガシーシステム（古い技術を使って構築されたシステム）」を改修し，新たにデジタル技術を用いてビジネスモデルを創出するよう企業に迫っています。この既存のシステムのブラックボックス化が改善されないままだと 2025 年以降，最大，年 12 兆円の経済損失が生まれる，通称「2025 年の崖」が来ると警告しています。

　続いて，経済産業省は『DX 推進ガイドライン』を作成し，2020 年 11 月には『情報処理促進法』を成立させ，証券取引所と協力して "DX 銘柄" の指定を行っています。

(2) 「デジタル化のロジック」はタテ割りを横から見て「トランスフォーム」することである

　まず，DX とは，「Digital Transformation（デジタル・トランスフォー

メーション）」の頭文字をとった言葉です（Transという英語の接頭語には交差という意味があるためXを使用）。「Digital」は「デジタル」，「Transformation」は「変質，変形，変容」という意味で，簡単に言えば，デジタル技術を活用することによって「ビジネスの変容」を成し遂げることを指します。

　改めて，IT化によるDXをけん引してきている経済産業省によるDXについての定義を確認してみますと，「企業がビジネス環境の激しい変化に対応し，データとデジタル技術を活用して，顧客や社会のニーズを基に，製品やサービス，ビジネスモデルを変革するとともに，業務そのものや，組織，プロセス，企業文化・風土を変革し，競争上の優位性を確立すること」と言われています。次のような3つのステップを踏んで深化させていくべきであると言われます。

① 　企業がビジネス環境の激しい変化に対応し，データとデジタル技術を活用して，
② 　顧客や社会のニーズを基に，製品やサービス，ビジネスモデルを変革するとともに，
③ 　業務そのものや，組織，プロセス，企業文化・風土を変革し，競争上の優位を確立する。

　今日，どの分野でも，どの領域でもアナログに代わってデジタル化が盛んです。今後，業務の効率化を求めて，ますますデジタル化は進んでいくことでしょう。また，同時に，製品やサービス，ビジネスモデルの変革も進んでいるように見えます。したがって，①，②のステップは容易に理解できます。きっと，かかわっている人々は業務や組織，プロセスが変化しつつあり，風土が変わりつつあると感じていることでしょう。DX化が企業間の競争をけん引していることも，容易に想像できま

15

す。こうした企業活動の全面的な変容が，今では「失われた30年」と言っていいのですが，慢性的な不況から救ってくれることを経済産業省は狙っているようです。

　他方，経済産業省でDXを推進してきた西山圭太は"タテ割り打破"を唱えます。DXは"タテ割りでない行動様式―簡単に言えばヨコ割りの行動様式―を理解し，身に付ける"ことを要求していると主張し，その思考法は"縦のものを横から見て，層化してとらえることである"と言っているのです。「高度経済成長を支えてきたカイシャや日本産業がもっていた基本的な原理やロジックと，現在のグローバル経済を突き動かしているロジック，デジタル化のロジックとが合わなくなってしまっている。換言すればタテ割りの行動様式とは合わない，デジタル化のロジックがある，ということである」と，彼は主張しているのです。
（参考文献：西山圭太著・冨山和彦解説『DXの思考法：日本経済復活への最強戦略』文藝春秋，2021年）

2　文部科学省は3つのステップを踏んで「教育DX」を推進する

(1)　GIGAスクール構想

　他方，よく知られているように，文部科学省は2020年12月に「GIGAスクール推進本部」を設置し，いわゆる「1人1台端末」環境の整備を開始し，2022年度には全国の学校でこの環境が整備されました。「1人1台端末」環境の整備のねらいは次のように言われています。すなわち，「1人1台端末と高速インターネットを道具・手段として私たちが目指すのは，これからのSociety5.0時代，予測不能な未来を生きる子どもたちのための『個別最適化され，創造性を育む教育』を実現すること」

です。

　1 つは，「これからの学校教育を支える基盤的なツールとして，ICT は必要不可欠なものであり，1 人 1 台の端末環境を生かし，端末を日常的に活用していく必要があり，また ICT を利用して空間的・時間的制約を緩和することによって，他の学校・地域や海外との交流なども含め，今までできなかった学習活動が可能になる」というものです。

　もう 1 つは，「学校教育における ICT の活用に当たっては，新学習指導要領の趣旨を踏まえ，各教科等横断的に活用できる環境を整え，児童生徒が文房具として活用できるようにし，『主体的・対話的で深い学び』の実現に向けた授業改善に生かしていくことが重要である」というものです。

　これまた，よく知られているように，2024 年からデジタル教科書が配備されることになっていて，整備されてきた「1 人 1 台端末」環境の本格的な利活用が促進されることになっています。

⑵ 「教育 DX」を推進する 3 つのステップ

　一方，文部科学省は，2022 年 3 月，第 1 回教育 DX 推進本部会議を開き，続いて 8 月，第 2 回の会議を開催し，「新たな教師の学びの実現（研修高度化）」と「教育 DX の加速」を 2 本柱とした，オンライン研修コンテンツの充実，GIGA スクール運営支援センターの機能強化，次世代の校務デジタル化推進事業などの実効ある取組を着実に進めるための 2023 年度の概算要求について，議論を行っています。

　経済産業省に呼応する形で，文部科学省は「教育 DX」の推進について，次のような 3 つのステップを示しています。

　第 1 ステップ（Digitization）：電子（デジタル）化，デジタル教科書，校務等の電子化。

17

第2ステップ（Digitalization）：ICT 技術やデジタル化によって得られる教育データを基に，指導や教務，行政の改善・最適化を実現する段階。児童生徒の状況を教師や保護者がリアルタイムで見られるようになったり，教材や指導方法等のノウハウや知見の共有が行われたりして，政策立案や指導・学習の改善・最適化が行われること。

第3ステップ（Digital Transformation）：教育現場における集合知の活用により，学習モデルの構造等が質的に変革し，新しい価値を創造するデジタル・トランスフォーメーションが行われること。

上に見た GIGA スクール構想による「1 人 1 台端末」環境の整備は，第 1 ステップ，第 2 ステップの一部に対応する施策であると考えられます。第 3 ステップとして，「学習モデルの構造等が質的に変革し，新しい価値を創造」ということが DX の目指すべきゴールと示されたことは，GIGA スクール構想の延長上に，DX を位置付けていると考えることができます。

(3) 『教育データ利活用ロードマップ』の策定

デジタル庁・総務省・経済産業省および文部科学省は，2021 年 9 月の GIGA スクール構想に関するアンケートの取りまとめに引き続き，関係省庁とともに教育データの利活用に向けたロードマップの策定に着手し，2022 年 1 月『教育データ利活用ロードマップ』を策定しています。

まず，教育のデジタル化のミッションを「誰もが，いつでもどこからでも，誰とでも，自分らしく学べる社会」と掲げ，そのためのデータの①スコープ（範囲），②品質，③組み合わせ，の充実・拡大という「3つの軸」を設定し，これらを実現するために，教育データの流通・蓄積の全体設計「アーキテクチャ（イメージ）」を提示しています。その上で，「ルール」「利活用環境」「連携基盤（ツール）」「データ標準」「イン

フラ」といったそれぞれの構造に関連する論点や，必要な措置について整理しています。

　これを受けて，文部科学省は教育 DX 推進の 3 つの柱，①共通ルール，②共通ツール，③分析・利活用を定めています。①共通ルールですが，教科書，教材等の内容の標準化を目指し，児童生徒の学習履歴（学習ログ）のデータの活用のためのルールです。②共通ツールは，「文部科学省 CBT(Computer Based Testing) システム（MEXCBT）」と「文部科学省 WEB 調査システム (EduSurvey)」と名付けられたテスト・システムです。2024 年度には，中学英語「話すこと」調査に着手する予定とのことです。③分析・利活用ですが，1 人 1 台端末から集積されたデータを活用することができるように計画されているとのことです。

（参考文献：文部科学省教育 DX 推進室長桐生崇「教育 DX が目指す姿」『教育展望』2023 年 3 月号）

3　私たちは「学校 DX」を機に「個に応じた学習」モデルを構想する

(1)　「個に応じた指導」を深化させ，「個に応じた学習」に迫る

　まず，大きく時代背景をとらえると，近代学校制度は，重化学工業化を一挙に推進した第 2 次産業革命期に確立され始めました。同時に，それは帝国主義の時代でした。各国の学校は富国強兵政策の先兵として位置付けられました。学校はどの国をとっても，知識の伝達と忠誠心の鍛錬の場であり，教師が大きな役割を担うことになりました。巨視的に見れば，第二次世界大戦後，国民主権に基づく民主主義が広がり，近代学校制度に期待されてきたこれらの役割に変化が生じてきているのです。他方，今日，世界のグローバル化に伴って，各国の国民は "宇宙船地球

号"に住むグローバル市民に変質しつつあると認識されつつあります。

　よく知られているように，日本は1872年（明治5年）に近代学校制度の確立に着手しました。本年（2023年）はちょうど152年目にあたります。くしくも，第二次世界大戦が終結した1945年は150年をほぼ二分する年です。言い換えると，戦前75年，戦後75年，今年はまさに"新しい"学校教育制度の第1年目かもしれません。文部科学省は"令和の日本教育"と名付けようとしているように聞こえます。この時代区分に従えば，私たちは，戦後75年，「個に応じた指導」という観点から「一斉授業」に挑戦してきたと考えています。

　本年度から始まる，この新しい学校教育制度は民主主義の深化に貢献し，かつ，のっぴきならぬ地球規模の環境問題や平和問題に直面し，ますます，不確実性，複雑性，曖昧性を増してきている課題に挑戦するものに変革されなければならないでしょう。私たちは，昨年11月突然出現したと言ってよいChatGPTも活用して，「学校DX」の理念を機に，『個に応じた指導』を深化させ，『個に応じた学習』に迫りたいと考えます。

　繰り返しますが，経済産業省は「失われた30年」と言われる長期にわたる経済的不況の克服に果敢に挑戦しようとしています。特に近年の日本の経済的不振は深刻で，回復の兆しがなかなか見えてきていないようです。経済産業省は，ビジネスの効率化を目指すDX化の第1ステップと第2ステップを越えて，ビジネスモデルの変革を求める第3ステップを強調しています。

　それに対して，文部科学省は，『新たな教育振興基本計画（令和5年度〜9年度）』の今後の教育政策に関する基本的な方針④「教育デジタルトランスフォーメーション（DX）の推進」で，"DXに至る3段階（電子化→最適化→新たな価値（DX））"を見据えた，第1段階から第2段階への移行の着実な推進を提唱しています。

　私たちは「個に応じた指導」という視点から伝統的な一斉授業を改革してきました。次章で見るような業績を踏まえて，私たちは「学校 DX」を機に，電子化，最適化によるさらなる進展を図りつつ，新たな価値『個に応じた学習』モデルを構想したいと考えます。

第2章

学校 DX の目指すところは
「個に応じた学習」モデルの開発にある

プロローグ　この章では，まず，伝統的な一斉授業を「個に応じた指導」に改革しようとしてきた試みについて総括します。私たちは2つの観点から一斉授業に挑んできました。

1つは"主導権（ヘゲモニー）"という観点です。すなわち，授業をめぐって，教師と子どもたちのどちらが"主導権（ヘゲモニー）"を握っているか，という枠組みから，「指導の個別化」と「学習の個性化」という概念を分離し，一斉授業改革の方略を明らかにしました。

もう1つは"個人差"という観点です。すなわち，一斉授業の対象者である子どもたちの間には，到達度（達成度），学習時間，学習適性，興味・関心，生活経験という5つの"個人差"があると認識し，これらの個人差を処遇した10の指導学習プログラム（個別指導システム）を作り出してきました。

繰り返しますが，本書のねらいは，学校 DX を機に，「学習の個性化」により一層焦点を当てて，「個に応じた学習」モデルを作り出すことです。一人ひとりの子どもの主体的，創造的な学習活動に今まで以上に焦点を当て，個性的な伸長を図るということと言い換えてもいいかと思います。どんな方略を立てて，新しいモデルづくりをすべきか，この章では考えてみます。

私たちは，1971年の『46答申』や1987年の臨時教育審議会の最終答申を受けて，具体的には，「自己教育力（自ら学ぶ力）」の育成に力点を置いてきました。今日的な言葉で言えば，資質・能力（コンピテンシー）の育成と言い換えてもいいかと思います。さらに，1989年の学習指導要領の改訂で生活科が，1998年の改訂で総合的な学習の時間が導入され，今日の学習指導要領では「教科等横断的な学習」が強調されていますが，この「教科等横断的な学習」こそ，縦割り構造を横から見直すことによって作られる学習です。

1 「一斉授業」から「個に応じた指導」への転換を図ってきた

(1) 主導権（ヘゲモニー）をめぐって転換を図った

　伝統的な一斉授業を変革していくのに，誰が授業の主導権（ヘゲモニー）を握っているかという視点から考えてみます。当然のことですが，教師が学習内容も学習方法もコントロールし，主導権を握っています。何よりの証拠に，授業は教師が教室に来て「はい，授業を始めます」と宣言しない限り授業は始まらないのです。もちろん，教師が「これで授業を終わります」と言って，授業は終わるのです。誰しも，教師は子どもたちの課題追究への参加を促し，子どもたちの言い分を聞き入れてきているはずであると反論されるでしょう。

　しかし，これまでの授業の基本構造は，教師が定めた学習課題を，教師が選んだ教材を用いて，教師が適切であると考える時間内で，子どもたちに追究させていくというものです。このあり方を一斉授業と言い，そこでは教師が授業の主導権を全面的に握っているのです。このあり方を「子どもの学習」という視点から改革するためには，教師の持つヘゲモニー（主導権）を子どもたちに移動させていかねばなりません。

　少し話がズレますが，私はウィスコンシン大学に 1968 年から 4 年間，さらに，1978 年に 1 年間，留学しています。もちろん，その折，大学でいくつかのコースを履修していますが，この「ヘゲモニー」という概念は新進気鋭の M. アップルが強調されていたと記憶しています。

　ちなみに，教師ではなく，子どもが主導権を握った授業というものがイメージできるでしょうか。子どもたちが自分たちで学習課題を決め，自分たちなりの方法で課題を追究し，自分たちなりにまとめていく授業

です。平たく言うと，子どもたちが自分たちで授業を始め，コントロールしていくという授業です。子どもたちに自己教育力（自ら学ぶ力）を身に付けさせたいと考えるとき，あるいは，子どもたちに主体性や創造性を身に付けさせたいと願うとき，徐々に，教師が握る「主導権」を子どもたちに譲っていくことが考えられるべきでしょう。

⑵　授業を「指導の個別化」・「学習の個性化」に二分できた

まず，図1を見てください。授業ですから，そこには教育内容があり，教育方法があります。前者を立軸に，後者を横軸にとって，さらに，教師と子どものどちらが主導権（ヘゲモニー）を取るかという視点から両者を位置付けてみると，そこには，A，B，C，Dという4つの領域ができます。言うまでもなく，Aは教師が教育内容も，教育方法も主導権を取っている領域です。主導権を取るという言葉の代わりに，コントロールしている，と言い換えてもいいかと思います。

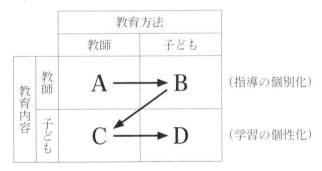

図1　教育内容と教育方法のマトリックス

Bは教師が教育内容に関して主導権を持ちながらも，教育方法に関しては子どもたちに主導権を譲り渡そうとする領域です。Cを飛ばして，Aと対局に位置するDは子どもたちが教育内容でも，教育方法でも主導権を発揮することができる領域です。平たく言えば，子どもたちが "やりたいことをやりたいように" 学習することができる領域です。生活科

や総合的な学習の時間での学習活動が考えられます。戻って，Ｃは子ど
もたちが教育内容に関して主導権を持ちながらも，教育方法に関しては
教師からの示唆，支援を得る領域です。別な言い方をすれば，子どもた
ちが"やりたいこと"を学習するのですが，追究の仕方について教師か
ら示唆，支援を受けることができる領域です。

　ここで重要なことは，主導権（ヘゲモニー）という観点から導かれた
４つの領域を「指導の個別化」と「学習の個性化」で整理できたことで
す。

　ＡとＢの領域に「指導の個別化」という概念を適用します。「指導」
という言葉をつかったのは，教育内容に関して，教師が強いヘゲモニー
を持っている領域だからです。しかし，そこでの指導は一人ひとりの
子どもに向かって「個別化」されるべきものと考えられているのです。
今日の言葉で言えば，「個別最適な学び」の領域と考えていいでしょう。
ここでは，教育内容は積み上げ方式になっている教科を想定しています。
具体的には，算数・数学，国語，英語といった基礎教科です。これらの
教科の教育内容は，ツール（用具）系内容と考えられ，ステップ・バ
イ・ステップに構成されています。したがって，個別化することにより，
一人ひとりの子どもが着実に教育内容を習得することができると，考え
られるのです。

　それに対して，ＣとＤの領域に「学習の個性化」という概念を適用
しておきたいのです。「学習」としたのは子どもたちの教育内容に関す
るヘゲモニーが強い領域で，そこでの学習課題は子どもたちが選択した
り，あるいは，自分なりに設定できると考えられる領域です。「個性化」
とは，学習課題が"選択と設定"できるという行為の結果として生じる
ものです。自分が得意とする分野を育んだり，自分なりに納得した追究
の仕方を獲得することができる領域です。具体的には，社会科，理科と
いった教科と，総合的な学習を想定しています。これらの教科と総合的

な学習では，子どもたちが学習課題を選択したり，あるいは，設定することが可能であり，「学習の個性化」が期待できるのです。一般に "選択と集中" と言われますが，このあり方を学習活動に導入することを「学習の個性化」と言い換えてもいいかと思います。

(3)　A 領域を B → C → D の領域に向かって，Z 文字の方向に拡げる方略を採用する

再び，図 1 を見てください。教育内容と教育方法を教師と子どもたちのどちらがコントロールしているかと考えると，A，B，C，D の 4 つの領域ができます。A は内容も方法も教師がコントロールしている領域で，これまでの一斉授業はまさにこの領域に位置付けられます。その対極にある D の領域は，子どもたちが「自分が学習したいことを自分なりの方法で追究する」ことのできる領域です。

結論的に言えば，学校 DX のねらいを「個に応じた学習」モデルを作り出すことと定めましたが，その方略は，A → B → C → D へと Z 文字の方向に引き伸ばしていくことです。言い換えると，子どもたちを授業の主役に盛り立てていくためには，子どもたちに徐々にヘゲモニーを移していくべきです。授業を教師が「教える」場から子どもたちが「学ぶ」場に，可能な限り，変えていくと言ってもいいでしょう。

2　個人差に配慮した 10 の「指導学習プログラム（個別指導システム）」を作ってきた

(1)　「同一性」から「異質性」へ

もう 1 つ別の角度から見ると，一斉授業は「同一性」というキーコンセプトで構成されていることが浮かび上がってきます。日本で一斉授

業について学び，実際に 2 年間，地元の中学校で教えた後，ウィスコンシン大学の TA（研究助手）としてアメリカの小学校で 2 年間教えた私が経験から得た"貴重にして最大の発見"です。間違いなく，西洋の先進科学技術に追い付き追い越すことを目指してきたアジア諸国の学校教育も，この発見に気付くべきでしょう。

　まず，図 2 を見てください。一斉授業の基本構造の 1 つは，何より，子どもたち全員が同一の「学習課題」に挑戦しているというものです。たとえば，小学校の算数で言えば，全員で「3 ケタと 3 ケタの掛け算」について，中学校の社会科で言えば，全員で「鎌倉時代」について学習しているのです。それこそ，同じ教科書を用いて同じ単元について学習している以上，当然のことです。

　次に，子どもたち全員が「同じペース」で同じ学習課題に挑戦しているという特徴を持っています。教師の指示発言を聞けば，実に，はっきりしています。「では，この問題，5 分で解いてください。」「はい，始めてください。」「はい。鉛筆を置いて，黒板を見てください。」と教師は常に学習時間をコントロールしていきます。

　さらに，子どもたち全員が「同じ教材」を用いて学習課題に挑戦しているという特徴を持っています。ここでも，教師の指示発言を聞けば，はっきりしています。「では，これからビデオを見ますよ。」「プリント（A）を読んでください。」「次に，表の 5 について，話し合ってください。」と，教師は常に学習活動に用いる教材を指示していきます。したがって，当然のこととして，子どもたち全員が「同じ結論（答え）」を獲得することが期待されているということです。

　極めて，合理的な操作ですが，「個に応じた指導」はこれら 4 つの要素，すなわち，「学習課題」，「学習ペース・時間」，「教材・資料」，「結論・まとめ」を一つ一つ処遇していくところから構想できます。処遇の視点は「子どもたちに返していく」あるいは「一人ひとりに合わせてい

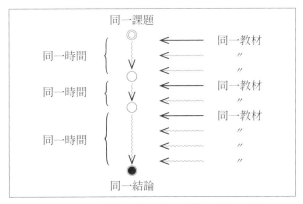

図 2　一斉授業の持つ基本構造（同一性）

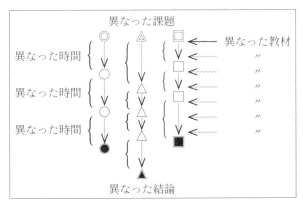

図 3　対極にある授業の基本構造（異質性）

（◎△□：学習課題　　○△□：サブ学習課題　　●▲■：結論）

く」というものです。言うまでもなく，子どもたちは多様です。どの
子も「違う」と言ってもいいでしょう。言い換えると，これらの 4 つ
の構成要素に，一つ一つ「異質性」を与えていきます。「子どもは多様，
子どもは違う」という観点から，それぞれの構成要素を順に変えていく
と言ってもいいのです。

　図 3 を見てください。この図は一斉画一授業の「ほぼ」対極にある
と考えられる構造を持った「個に応じた指導」プログラムのあり方を示

しています。ここに示したように，「異なった学習課題」，「異なった学習ペース・時間」，「異なった教材・資料」，「異なった結論・まとめ」という基本構造を持った授業は一斉画一授業の「ほぼ」対極にあるものです。

　図２と図３の間には，７つの「指導学習プログラム」を作ることができます。「ほぼ」といったのは，実は，「学習課題」「学習ペース・時間」「教材・資料」をもっと自由にして，子ども自身がこれらの要素を自己決定していく授業もイメージできるからです。すなわち，この図３を越えたところに，基本的には２つの「指導学習プログラム」が考えられます。１つは「自由課題学習」で，他の１つは「自由研究学習」です。前者は単元内（教科内）で自由に課題を設定して学習するあり方で，後者は単元とか教科にかかわりなく，自分が関心を持つ事柄について自由に学習するあり方です。

(2) 「同質性」を帯びた学級から「個人差」のある学習グループへ

　さらにもう１つ別の角度から見ると，一斉授業がその指導対象としている子どもたちは「同一性」を帯びた集団であるととらえられて，指導されていることです。

　言うまでもなく，学級は同じ暦年齢という理由から構成された約30人の子どもたちで構成されています。身体的な個人差は目に見えますが，授業についてくる能力や学習適性といった要素ははっきり可視化できません。特に，学習に向かう態度や道徳的なふるまいは長期的に注目しないと，よく見えません。伝統的な一斉画一授業は，学級を構成する子どもたちは「同質」という前提から成り立っています。また，"同じように"学んでいくもの，あるいは，学んでいくべきものと考えられているのです。とても驚くような前提条件の上に成り立っているのです。

　よく知られているように，明治時代に始まった近代学校は，始めの頃，「学力別学級編成（等級制グラス編成）」を行っていました。やがて，就学率の向上に伴い暦年齢別が旧編成に代わっていきました。以来，学級を構成する子どもたちの間に存在する「個人差」は大きな問題として教師たちを悩ませています。しかも，学年段階が上がるにしたがって，個人差は広がっていくと言われます。これまたよく知られているように，欧米には落第制度があります。

　結論から言いますと，学級を構成している暦年齢を同じくする子どもたちの間には，"学習方法"という観点から考えると，次の3つの「個人差」が識別されます。

　まずは「到達度差（達成度差）」です。これから指導しようとしている単元についてのレディネスの差と言い換えてもよいでしょう。あるいは，前の単元が終わる段階で行われる総括的評価活動によって判明している到達度の違いと言ってもいいでしょう。

　次に，「学習時間差（ペース差）」です。子どもたちは一人ひとり学習に必要な時間が違います。ある子は速く学習活動を進めることができるのに対して，別の子はゆっくり学習活動を進めます。学習のペースが違うと言い換えてもいいでしょう。

　さらに，「学習適性差（スタイル差）」です。学習適性には2つのことが考えられます。1つは学習スタイルで，もう1つは認知（思考）スタイルです。前者についてですが，たとえば，一人で学習することが好きな子がいれば，小グループで学習する方を好む子がいます。また，教科書で学習することが得意な子がいる一方，視聴覚教材を用いて学習することが得意な子がいます。後者についてですが，帰納的に思考する子がいる一方，演繹的に思考する子がいます。目的的に学習する子がいる一方，無目的な状態で学習する子がいます。

　一方，"学習内容"という観点から考えますと，もう2つの「個人差」

が識別されます。

その1つは「興味・関心差」です。教科の好き嫌いもここに含んでもよいかと思いますが、これから学ぼうとしている単元やそこでの学習課題についての興味・関心がある、ないという差です。たとえば、理科で昆虫に関する単元を学習しようとするとき、そもそも、昆虫に関心はなく、花に興味があるという個人差です。しかも、同じ昆虫について興味があるとしても、バッタについて学ぶより、コガネムシの方に関心があるという子がいるということです。

もう1つは「生活経験差」です。一人ひとりの子どもの家庭生活は異なります。たとえば、家が碁会所を営んでいる子どもは囲碁に関心が高いと考えてよいと思われます。あるいは、兄弟の一人が鉄道マニアだとすると、その子も鉄道にかかわることに関心が高いといったものです。

(3) 「指導の個別化」・「学習の個性化」の枠組みの中で、5つの個人差を処遇する

これら5つの個人差のうち、最初の3つの個人差、すなわち、「到達度差（達成度差）」、「学習時間差（ペース差）」と「学習適性差（スタイル差）」を処遇するあり方を「指導の個別化」とし、後の2つの個人差、すなわち、「興味・関心差」と「生活経験差」を処遇したあり方を「学習の個性化」という枠組みに位置付けると、次のようになります。

前者では、個人差は目的に対する"手段"の位置にあり、後者では、育てるべき"目的"の位置にあるということです。

「指導の個別化」とは、教師が指導に際して一人ひとりの子どもの持つ個人差を個別に処遇し、意図する学習目標を達成させようとすることを意味します。学級の子どもたちを同じ方向に向かって"収斂させていく"あり方と言えます。

他方、「学習の個性化」とは、一人ひとりの子どもの持つ「興味・関

心」,「生活経験」を育てようとし,この 2 つの個人差を目的として処遇するということを意味します。

　次の第 3 章の初めで（48 〜 53 ページ）,教育課程を「用具系教科」,「内容系教科 A」,「内容系教科 B」,「生活科／総合的な学習の時間」に大きく分けてとらえることを提案しますが,前もって言っておけば,「用具系教科」と「内容系教科 A」で「指導の個別化」を図り,「内容系教科 B」と「生活科／総合的な学習の時間」で「学習の個性化」を図りたいのです。

　より具体的に言えば,教育内容が積み上げ（ステップ・バイ・ステップ）方式になっている用具系教科,すなわち算数・数学,国語,英語という教科では,到達度・学習時間・学習適性の 3 つの個人差に配慮しながら,一人ひとりに指導が行き届くような個別化を図るべきであるということになります。他方,子どもが学習課題を選択したり,設定したりすることが可能な「内容系教科 B」と「生活科・総合的な学習の時間」で,子どもの持つ個性を伸ばすことができると考えています。

(4)　一斉授業に代わる 10 の指導学習プログラム（個別指導システム）ができた

　「個に応じた指導」とは子どもたち一人ひとりの能力・適性に応じ,個性を生かす授業であるとすると,教師は自分のクラスの子どもたちの間にある「個人差」を処遇した授業を作り,授業を展開すべきです。このような観点から,「個に応じた指導」のための指導学習プログラム（個別指導システム）を考えてみますと,表 1 に示したように,10 のプログラムが浮かび上がってきます。「浮かび上がってくる」と表現しましたが,これらの 10 のプログラムは過去およそ 100 年間の授業づくりの中で,まさに,浮かび上がってきたものです。もちろん,多くは教育環境が一挙に改善された近年の授業実践です。これらを「指導の個別

表1 「個に応じた指導」のための10の指導学習プログラム
（個別指導システム）

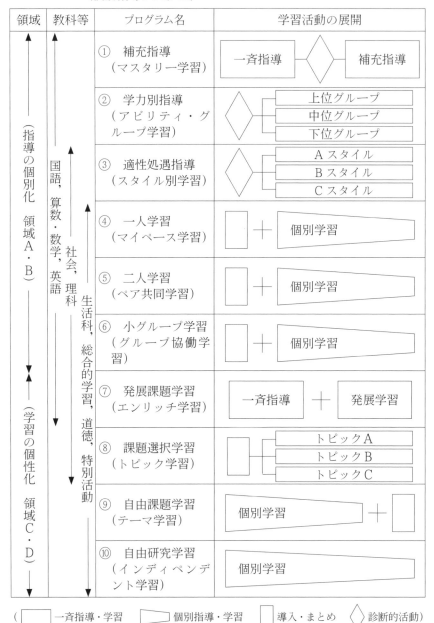

領域	教科等	プログラム名	学習活動の展開
（指導の個別化　領域A・B） （学習の個性化　領域C・D）	国語，算数・数学，英語 社会，理科 生活科，総合的学習，道徳，特別活動	① 補充指導 （マスタリー学習）	一斉指導　◇　補充指導
		② 学力別指導 （アビリティ・グループ学習）	◇ — 上位グループ／中位グループ／下位グループ
		③ 適性処遇指導 （スタイル別学習）	◇ — Aスタイル／Bスタイル／Cスタイル
		④ 一人学習 （マイペース学習）	□ ＋ 個別学習
		⑤ 二人学習 （ペア共同学習）	□ ＋ 個別学習
		⑥ 小グループ学習 （グループ協働学習）	□ ＋ 個別学習
		⑦ 発展課題学習 （エンリッチ学習）	一斉指導 ＋ 発展学習
		⑧ 課題選択学習 （トピック学習）	□ — トピックA／トピックB／トピックC
		⑨ 自由課題学習 （テーマ学習）	個別学習 ＋ □
		⑩ 自由研究学習 （インディペンデント学習）	個別学習

（　□ 一斉指導・学習　　▱ 個別指導・学習　　□ 導入・まとめ　　◇ 診断的活動）

化・学習の個性化」という枠組みの中に整理し，収めたものが表1です。

　①**補充指導（マスタリー学習）**は，戦後まもなく，アメリカのクリーブランド市で実践されるようになりました。一斉指導に適応できなかった子どもたちに，補充指導の機会を設けた授業のあり方です。日本でも，授業後などに行われる「取り出し指導」として，戦前から実践されてきました。しかし，1970年頃までには，過度な平等観に押されて消えていきます。皮肉なことに，その機能は学習塾に吸収されていきました。J.キャロルが提唱し，1970年代に，B.ブルームが広めたマスタリー学習は，日本では「完全習得学習」と言われ，最初の個別指導プログラムです。

　②**学力別指導（アビリティ・グループ学習）**は，近代学校制度の成立以後，常に登場してきている指導のあり方です。同じ暦年齢の子どもたちで学級を構成する学年制が明治時代に採用されて以来，常に話題になり，実践されてきている個別指導プログラムです。学力（到達度）別グループ編成を行い指導することになるのですが，グループ間に大きな学力差を生みかねないため，常に批判されてきています。やはり，1970年頃までには，差別感を助長しかねないという理由から，学校から消えてしまいました。

　しかし，学年段階が高くなるにしたがって，学力差（到達度差）はますます広がっていくことも確かで，何らかの処遇が求められます。実のところ，根本的な処遇は「履修主義」ではなく「修得主義」に基づいて“学校の教育課程”を編成することですが，社会的・文化的な影響が甚大で，手つかずのままです。

　③**適性処遇指導（スタイル別学習）**は，子どもの学習スタイルや認知スタイルを処遇した個別指導プログラムです。L.クロンバックが1957年に提案した「適性処遇交互作用」（ATI：Aptitude Treatment Interaction）に依拠する学習プログラムです。

ここでは，適性を2つに分けて処遇します。1つは「学習スタイル」です。ある子は資料集，百科事典や単行本など印刷教材のほうが学習しやすいのに対して，ある子はテレビやコンセプト・フィルムなど映像教材で学習したほうが学びやすいという適性です。また，静かなところで一人で学習したほうがよい子がいる一方，友達とグループになって話しながら学習したほうがよい子がいます。

　もう1つは「認知スタイル」です。子どもには目的的・無目的思考，演繹的・帰納的思考，集中的・拡散的思考など，さまざまな認知スタイルが認められます。たとえば，いつも「これ，なぜやるの」とか，「これ，なんのためになるの」と学習活動のねらいについて問いかけてくる子がいます。他方，言われたことを黙々とやる子もいます。また，学習活動の全体に気を配る子がいます。逆に，細かなことにこだわる子がいます。

　この学習プログラムは一人ひとりの子どもの適性にあったプログラムを提供しようというものです。しかし，学校や教師が子どもの適性を処遇したプログラムを作成することは困難です。そこで，次のような対処が考えられてきました。たとえば，廊下，オープン・スペース，空き教室などにその単元学習に必要と考えられる種々の多様なメディアを用意しておいて，子どもたちが自分でメディアを自由に選んで探究していくというものです。また，いろいろな学習の場を用意して，子どもたちが自分の好きな場を選んで学習していくというものです。認知スタイルについては，教師が個別指導をする際の「配慮事項」として取り扱うことが考えられてきました。

　④一人学習（マイペース学習）は，一斉授業の持つ「同じ学習時間（同じペース）」に挑戦した学習です。前もって断っておけば，「学習時間（ペース）」は学習適性の1つと考えるべきですが，学習活動にとって極めて重要な要素ですので，③適性処遇指導（スタイル別学習）から

切り離して取り扱います。以下⑤，⑥の個別学習プログラムも，「学習時間」を処遇したプログラムです。

　誰でもよく知っているように，子どもたちが学習に必要としている学習時間は，一人ひとり大いに違います。速く進む子もいれば，時間のかかる子もいるというわけです。速い子がよくできるとは限らず，また遅い子ができていないとも限らないのです。この学習プログラムは，子どもたちがマイペースで学習していくことを重視しています。名称はいくつかありますが，「一人学習」という名称はマイペースで"自分一人の力"で学習していってほしいと願ってのものです。実践的には，学習活動は単元ごとに構成されているので，「単元内マイペース学習」とか「単元内一人学習」とか名付けるべきかもしれません。「単元内自由進度学習」という名称も考えられます。また，このプログラムは，1つの"単元"という範囲を超え，さらに"学期内"，"学年内"を超えて，"無学年"にまで学習活動が広がっていくことが想定されます。

　⑤**二人学習（ペア共同学習）**は，文字どおり，友だちと一緒に話し合いながら共同して，1つの学習課題を追究していきます。ここでも，学習は1つの単元を通して，二人のマイペースで進行します。気の合う好きな友だちと一緒に学習することは楽しいものです。

　⑥**小グループ学習（グループ協働学習）**は従来から最もよく行われてきている学習形態で，説明はいらないかと思います。ただ，いわゆる一斉授業の中で時おり行われる小グループによる部分的，暫定的な話し合い・作業活動ではなく，ここで言うグループ協働学習は1つの単元の全体を通して継続的に行われる学習形態です。

　⑦**発展課題学習（エンリッチ学習）**は，子どもたちが共通する基本的な学習課題を終えた後で，それぞれ，さらにやってみたいと思う学習課題について「選択」し，学習することができる活動です。たとえば，小学校理科「昆虫」という単元で，クラス全体でバッタについて学習した

後で，さらに，コガネムシ，カブトムシなど児童が学習したい生き物について学習することができるように計画した学習です。中学校社会歴史的分野「幕藩体制」という単元で，クラス全体で武家諸法度について学習した後で，参勤交代，刀狩，元禄文化など，生徒が学習したい課題を選択できるようにしたプログラムです。

⑧課題選択学習（トピック学習）は，上の小学校理科「昆虫」の例で言えば，初めにバッタ，コガネムシ，カブトムシの中から1つを選び，単元を通して学習するというあり方です。中学校社会歴史的分野「幕藩体制」についての単元で言えば，最初に武家諸法度，参勤交代，刀狩，元禄文化などの中から1つを選び，単元を通して学習するというあり方です。

発展課題学習は基本的な学習課題を終えた後で，通常，時間的に余裕のある子どもが行う学習活動です。あるいは，特別に時間を取って行われます。宿題としておく場合もあります。それに対して，この課題選択学習では，同じ単元（テーマ）の学習活動でありながら，子どもたちは別々の学習課題について追究していくというあり方です。このあり方は，特に高等学校入試に配慮せざるを得ない中学校の教師には受け入れがたいあり方です。「幕藩体制」の単元で言えば，ある子が武家諸法度という学習課題について追究するとして，民間テストや高校入試で，参勤交代，刀狩，元禄文化などについて出題されたら，この子は著しく不利になると考えるからです。しかし，学校DXとして「個に応じた学習」モデルを作ろうとするとき，課題選択解決学習は極めて重要になります。

残念なことは，現状では，この個別学習プログラムへの抵抗はとても大きいのです。ここでは，上級学校への入学試験のあり方を再考する時期に来ているとだけ言っておきます。

⑨自由課題学習（テーマ学習）は，子どもたちが自ら学習課題を「設定」して学習する活動です。たとえば，小学校生活科「あきをさがそ

う」という単元では，児童たちが気付いた変化についてはなんでも取り上げて学習することになります。

　気温が下がっていく現象，木の葉の色の変化，着ているものが厚くなっていくこと，食べ物が変わっていく変化など，思い思いに学習していけるように計画することです。また，中学校「総合的な学習の時間」で「水の汚染」について単元を組むとき，生徒たちが学習課題を自由に設定し，探究活動を行うことができるように計画することです。学校の近くを流れる小川について，そこに住む魚に見られる汚染状況，そこに投棄される投棄物の影響，そこに流される家庭排水，工場排水など，自由に学習課題を設定し，探究を進めるあり方です。

　⑩**自由研究学習（インディペンデント学習）**は，教科等の枠組みを超えて，自分が関心を持つテーマについて，自分で計画し，学習していくプログラムです。たとえば，多くの学校で，夏休みに「自由研究」と称して，あるいは，「卒業研究」と題して，子どもたちが自由なテーマについて追究しています。教科等の学習では取り扱わない，たとえば，「漫画，アニメ，映画」などについて学習しています。

⑸　「地域と子どもの実態」を勘案して，指導学習プログラムを採用する

　それぞれの学校は，自校の教育課程を編成する義務を負っています。教育内容については学習指導要領に従って編成することが求められていますが，その取り扱い，すなわち，教え方は教師たちに任されています。言い換えると，教師たちは「地域と子どもの実態」に対応して指導することが期待されているのです。学校の教育課程の目標は，学習指導要領に従って編成する教育内容と「地域と子どもの実態」に対応して指導のかかわりの中で決められていくはずです。このことが狭い意味で言う「カリキュラム・マネジメント」です。

たとえば、「基礎学力の定着」を図りたいと考える学校は、基礎教科に重点を置いて、それらの教科のいくつかの単元で「指導の個別化」に属する①、②と③のプログラムを採用して授業を実践することになります。算数・数学及び英語の授業では、原則「マスタリー学習」を行い、いくつかの単元では「アビリティ・グループ学習」を行うことも考えられます。

　また、「自己教育力（自ら学ぶ力）の育成」に力点を置く学校は、内容系教科に重点を置いて、いくつかの単元で④、⑤と⑥のプログラムに沿って授業を行うことが考えられます。さらに、「学習意欲ややる気を育てたい」と考え、やはり、内容系教科にいくつかの単元で、⑦や⑧のプログラムを使用し授業を試みるでしょう。⑦の発展課題学習は、その単元が目指す基本的な内容の学習が終わったところで、さらに関心のある事柄について学習するプログラムです。「エンリッチ（豊かにする）学習」と名付けておいたように、たとえば、基本的な学習を終えて子どもたちが発展的に行う活動と考えられて、受け入れやすいのです。しかし、繰り返し述べますが、⑧の課題選択学習となると、なかなか、受け入れられないのが現状です。

　なぜか。端的に言えば、通常のテストや上級学校への入学試験が"網羅的"だからです。こだわってもう一度述べますが、たとえば、上で述べた中学校社会歴史的分野「幕藩体制」の単元で言えば、武家諸法度、参勤交代、刀狩、元禄文化などの中から１つを選び、選んだ課題について学習するとなると、選んだ課題については"深く学ぶ"ことができても、テストや入学試験で選択しなかった課題について出題されたら"点数がとれない"ということになりかねないのです。

　言い換えると、「幕藩体制」の本質について、すなわち、主従関係に基礎を置いた封建制度という「概念（コンセプト）」の理解が前提となっていないのです。武家諸法度、参勤交代、刀狩、元禄文化といった

「事実（ファクト）」を知ることに力点が置かれてしまっているのです。したがって、"暗記"がもてはやされてしまうのです。どの課題を選んで学習しても、「幕藩体制」の持つ本質に迫るべきです。

　第5章4（137〜142ページ）でも再度述べますが、「得意な分野、得意な追究方法」の育成という学習の個性化にとって、個別な事実の理解ではなく、事実を貫く概念のレベルにこだわる必要があります。

　⑨と⑩の指導学習プログラムは、生活科と総合的な学習の時間が導入されて、現実味を帯びてきたものです。

3　「個に応じた指導」から「個に応じた学習」モデルを目指して、方略を練る

(1)　基本方略：Z 文字ラインに沿って、プログラムを伸展させる

　確認しておきますが、私たちが学校 DX で目指すものは、「個に応じた指導」を深化させて、「個に応じた学習」モデルを創造することです。この章の最後に、私たちがこれまで構想し実践してきた「個に応じた指導」を「個に応じた学習」というあり方に突き詰めていく方略を考えたいのです。

　基本方略は次のようです。再び、図1（25ページ）を見てください。教育内容と教育方法を教師と子どもたちのどちらが主導権（ヘゲモニー）を握っているか、すなわち、コントロールしているかと考えると、A，B，C，D の4つの領域ができます。

　A は内容も方法も教師がコントロールしている領域で、これまでの一斉授業はこの領域に位置付けられます。その対極にある D の領域は、子どもたちが「自分が学習したいことを自分なりの方法で追究する」こ

とのできる領域です。結論的に言えば，学校DXの目指す方向が「個に応じた指導」を発展させて，「個に応じた学習」という新しい学校教育システムづくりであるとすれば，改革の方略は，A→B→C→DへとZ型に引き伸ばしていくことです。

　言い換えると，子どもたちを授業の主役に盛り立てていくためには，子どもたちに，今までにも増して，主導権（ヘゲモニー）を移していくことです。より多くの授業を教師が「教える」場から子どもたちが「学ぶ」場に変えていくことと言ってもいいでしょう。

　前章で見たように，経済産業省はDXという理念の下で企業が新しいビジネスモデルを構築することを期待しています。文部科学省の教育DXへの期待はIT技術を利活用して，GIGAスクール構想を完成させることにあると言えます。これまで50年近くにわたって「個に応じた指導」を標榜し，実践してきた私たちにとっては，学校DXという理念の下で「指導の個別化」すなわちA・B領域に属する授業を「学習の個性化」すなわちC・D領域に属する学習活動に引き込んでいくことを基本方針としたいのです。

　この基本方針の下で，具体的に次の4つの方略を立て，「個に応じた学習」モデルを開発したいと考えます。

> 方略1：「学習時間」を育てるべき目標に転嫁させ，自学自習を促す「学習材」の進展を図る

　上に見てきたように，一斉画一授業の骨格は学習課題，学習時間，教材，結論（まとめ）の同一性にあり，「個に応じた指導」はこれらの4つの構成要素の同一性を崩していくことから作り出してきました。特に，「学習課題」は授業あるいは学習活動の起点となる要素で，最重要な要素です。従来，あるいは今でも，多くの授業は学級全員「同じ」学習課題で始まります。このような状況を指して「画一」と言われてきた

はずです。私たちはこの学習課題の同一性を，"個（一人ひとり）"に応じたものに変えることから考えました。「指導の個別化」領域では，子どもたちの到達度（達成度）に応じた学習課題が考えられます。それに対して「学習の個性化」領域では，子どもたちの興味・関心と生活経験に応じた学習課題が考えられます。学習課題をめぐるこの3つ（到達度，興味・関心，生活経験）の個人差への対応は「個に応じた指導」において起点であり，最重要な要素です。

　実は，同じくらい重要な要素は「学習時間」という個人差です。伝統的に従来からの授業のあり方を"一斉"授業と呼ぶように，授業あるいは学習活動は学級全員同じペースで進行していきます。しかし，子ども一人ひとりは自分のペースを持っているのです。別な言い方をすると，同じ学習課題に挑戦するのに必要な時間は一人ひとり違うということです。すなわち，個に応じた指導では，「マイペース」で学習することを認めることになるのです。このことは，従来からの"一斉"授業に対して全面的な挑戦を意味するのです。

　具体的には，表1「『個に応じた指導』のための10の指導学習プログラム」（34ページ）の第4プログラム以後のプログラムでは，子どもたちは「マイペース」で学習していくことが保証されているということです。一人学習であれ，二人学習であれ，小グループ学習であれ，子どもたちは自分であるいは自分たちで時間配分を考え，学習していくことです。このことを自覚するということが，「個に応じた指導」を受け入れ，推進していく転換点になってきています。当然，学校DXが目指す「個に応じた学習」モデルにあっても，引き継がれていくべき事柄です。

　私たちが最も力を入れてきたことは，子どもたちが自ら学習していく力量を身に付けていけるように，「自学自習学習材」を開発してきたことです。図1で明示したように，伝統的な一斉授業では教師が教育内容についても，教育方法についても主導権（ヘゲモニー）を握っていて，

子どもたちは学習活動に対する主導権を完全に喪失しているのです。このような状況の中で，子どもたちが徐々に自ら学ぶ力を手に入れていくために，教材（ティーチング・マテリアル）ではなく，学習材（ラーニング・マテリアル）という概念を打ち立て，子どもたちが自ら学んでいける学習活動を拡大していく必要があるのです。

　次章で詳しく見ますが，「指導の個別化」領域で，「学習の手引き（ガイド）」に導かれた"学習パッケージ"，あるいは"モジュール学習"と呼ばれる自学自習学習材を開発してきました。「学習の個性化」の領域では，子どもたちが学習活動に関して教師の指導と承認を受けて学習することができる「契約学習シート」を用意してきました。学校DXに関する基本方針に従えば，すなわち，「個に応じた指導」から「個に応じた学習」に移行させるためには，自学自習力を育てる「学習材」のさらなる伸展を図るべきであるということです。結論だけ言えば，「契約学習シート」に導かれる自学自習活動を大幅に増加させることです。IT技術を利活用して，このことに挑戦することになります。

> **方略２：子どもが深い学習活動により主体的，創造的にかかわることが期待できる"柔軟な"「時間割」を編成する**

　教師は年間指導計画に基づく単元指導計画を持ち，単元指導計画に基づく指導案を持って，授業に臨みます。それに対して，子どもたちは，教師が教室に入ってきて学習課題を告げて，初めて，今日やるべき課題を知るという，極めて受け身な状態に置かれています。しかも，学習課題に挑戦する学習時間も，そのために用いる教材・教具も教師によってコントロールされているのです。明らかに，教師が授業の主人公であって，子どもたちは全くというほど受け身です。

　したがって，子どもたちの主体性，創造性を育てることを目指す「自学自習学習材」を開発していくとして，さらに，子どもたちの自学学習

活動を背後から支える支援システムを構築する必要があります。これまで，「学習の手引き（ガイド）」とそれに導かれた「学習パッケージ」を開発し，同時に，オープン・スペースを活用した人的・物的学習環境の整備をしてきました。しかし，「個に応じた学習」モデルの構築を目指そうとするとき，子どもたちが自ら次週の学習計画をスケジューリングし，「自分の学習計画表」を立案することが極めて重要になってきます。

　端的に言えば，週末に次の週に行う学習活動がどんなものであり，どんな心構えを持って次の週の学習に臨むべきか，子どもが準備することです。これまでも，いくつかの単元で，子どもたちは「自分の学習計画表」を立案してきましたが，組織的な試みではなかったと反省しています。

> ## 方略３：メタ認知力を育む自己評価活動に，より一層力点を置く

　改めて言うまでもなく，評価のあり方がすべてを律すると言っていいでしょう。現行の３観点別評価（知識・技能，思考・判断・発表，および学習に向かう態度）は教科等の各単元で行われるものです。「学習の個性化」領域では，自己教育力（自ら学ぶ力）の核心となるメタ認知力（メタ認知的思考力）に注目し，自己評価活動が重視されるべきです。オーセンティックな評価活動として，パフォーマンス評価やポートフォリオ評価が重視されるべきです。

> ## 方略４：次期学習指導要領は，地域や学校が"特色ある"教育課程を自主編成することを支援する

　学校DXは各地域あるいは各学校が新しいビジネスモデル（学校教育モデル）を作成することを求めています。次期の学習指導要領について，議論が始まりました。この際，コミュニティ・スクール制度を生かして，各地域あるいは各学校が，地域や子どもの実態に配慮しつつ，「地域プ

ラン」と言われるような"特色ある"教育課程を自主編成することが期待されます。

第3章

IT 技術を利活用して，自学自習を促す「学習材」を多様化する

プロローグ　　学校 DX の目指すところは新しい「学習モデル」を作り出すことにあると言ってきました。繰り返しますが，私たちとしては，学校 DX を機に，前章で見てきた「個に応じた指導」をさらに発展させ，子どもたちの学習活動という視点により一層寄り添って『個に応じた学習』モデルを作り出したいのです。

　本書では，「学習材」，「時間割」と「自己評価活動」に絞って，IT 技術を利活用して，これらの教育的手立てを深化させたいのです。別の言い方をしますと，これらは自己教育力（自ら学ぶ力）の育成に欠かせない要件であり，今後さらに発展させていく必要があると考えるからです。

　まず，この章では，子どもたちの自学自習を促す「学習材」に焦点を当てます。私たちは，教科書と教科書教材という今日なお主流をなす「教授環境」の下では，子どもが自分の力で学習活動を展開していくことはできない，と考えています。自己教育力（自ら学ぶ力）の育成を目指した「学習材」と名付けた「学習環境」が不可欠である，と考えます。具体的には，この学習材は自己指示的な「学習パッケージ（セット）」のことです。

　「指導の個別化（A・B 領域）」から「学習の個性化（C・D 領域）」への移行を意識し，問題づくりの手段として，ウェビング（クモの巣づくり）手法を活用してきました。1960 年代に広がったイギリスにおけるインフォーマル教育で実践されてきた手段です。

　私たちはこれまで，ドリル学習のための「学習カード（シート）」，課題解決学習のための「学習パッケージ（セット）」，問題解決学習のための「契約学習シート（A）」を開発してきました。今後，改めて，教科等横断的な学習活動のための「契約学習シート（B）」を付け加えたいと考えています。

1 自己教育力を育成するために，4種類の学習材を開発してきた

(1) 教科の縦割りを横からとらえ，4つの学習活動に分ける

　教科書とは「教科用図書で，学校で教科を教える中心的な教材として使われる児童生徒用の図書」と言われるように，教科書は教科を教える主たる教材です。教師は使用義務を負っています。また，2024年度より本格的に配布されるデジタル教科書は「紙の教科書の内容の全部をそのまま記録した電磁的記録である教材」と言われています。両者共に，"教科を教える主たる教材"で，教師の何らかの媒介があって，初めて子どもたちが学ぶ「学習材」になるというわけです。

　したがって，子どもたちが独力であるいは友だちと一緒になって学習しようとするとき，教科書を活用しつつも，教科書にとって代わる，子どもたちが"自力解決"していくことのできる「学習材」が必要になってきます。はっきり言えば，教材に代わって"学習材"という考え方に基づく自学自習用「学習材」を開発する必要があるということです。

　まず，自学自習を促す「学習材」の開発に当たって，私たちが"態様"（子どもの自学する姿）という視点から，9教科が縦割りになって

表2　ヨコ視点「子どもの自学する姿（態様）」から見た学習活動

Ⅰ	：ドリル（はげみ）学習（用具系教科）
Ⅱ−1	：課題解決学習（内容系教科A）
Ⅱ−2	：課題選択解決学習（内容系教科B）
Ⅲ	：問題解決学習（生活科／総合的な学習の時間）

いる状況を "横から" 見直し，学校の教育課程（カリキュラム）を編成する必要があると考えました。このことは重要なポイントです。

第1章の冒頭で見てきたように，DX的思考は「横割りの行動様式を理解し，身に付けること」と言われます。しかし，学校教育では，ほぼ常に「教科が縦割り」として取り扱われてきました。何より主たる教材と言われる教科書は教科別に編集され，授業は当然のごとく教科別に行われてきています。

しかし，興味あることに，学校教育の世界を振り返ってみると，戦争後の "コアカリキュラム" 時代には「用具系教科，内容系教科，表現系教科」という複数の教科を "横割り" に見た教育課程がありました。「教育内容の高度化・現代化」運動を受けて，昭和43年（1968年）の学習指導要領の改訂ですっかり姿を消し，今ではあまり知られていない教育課程のあり方です。私たちは「子どもの自学する姿（態様）」という視点から「用具系教科，内容系教科，表現系教科」という教科のまとまりで教育課程をとらえてきたのです。

付け加えておきますが，これらの教科のまとまりは同心円的に位置付けられてきたと言えます。ただし，"コアカリキュラム" 時代には，コアとなる同心円の中心は "課題（問題）解決学習" に力点を置いた内容系教科にありましたが，昭和33年（1958年）の学習指導要領の改訂で中心は用具系教科になり，外側に追いやられ，今日に至っています。それこそ，「横割りの行動様式を理解し，身に付ける」という「DXの思考法」を意識していたわけではないのですが，私たちは教科を横割りにとらえた学校の教育課程を採用してきたと考えます。

仮に，このコアカリキュラムのあり方を "第1次あるいは戦後の横割り" DX教育課程と名付けておけば，現行学習指導要領で叫ばれている「教科等横断的な教育課程」は "第2次あるいは今日の横割り" DX教育課程と名付けることができます。このことはとても興味あることで，

私たちは時代を先取りしてきたと言えそうです。

1) ドリル（はげみ）学習（用具系教科）

用具系教科とは，国語，算数・数学，英語などで，学習活動のためのツール（用具）になる教科です。考えるまでもなく，国語，算数・数学，英語は，私たちが何かについて追究したり，探究したり，あるいは，何らかの問題（課題）を解決しようとするとき，読んだり，書いたり，計算したりする道具として機能します。

近代教育学の祖と呼ばれる J.A. コメニウスは，1657 年に『大教授学』を著して，汎知主義と言われる教育を広めようとしています。そこで，彼は母親学校（6 歳まで），母国語学校（12 歳まで），ギムナジウム（18 歳まで），アカデミア（24 歳まで）の教育体系を描いていますが，すべての男女の教育機関である母国語学校では，「読み・書き・計算」と「教理問答・聖書・聖歌」を重視していました。

また，第一次産業革命期のイギリスに始まった A. ベルと J. ランカスターによる「モニトリアル・システム」での庶民の学校でも，教育内容は 3R's（Reading, Writing and Arithmetic）と福音書だったのです。これまた，よく知られるように，日本でも，江戸時代の寺子屋での教育内容は，「読み，書き，算術」と行儀作法であったのです。

もちろん，通常の国語，算数・数学，英語授業の中で，読んだり，書いたり，計算したりする技能（スキル）が教えられていますが，一般的に，特に小学校では，こうした技能は分離されて意識され，反復練習の対象となっています。私たちは，日常的に反復練習を必要とすると考え，3R's（読み，書き，計算する）力を育成することを重視し，具体的には，「はげみ学習，ステップ学習，練習学習」などと言われるドリル学習を，学校裁量時間や特別活動の時間を活用して，「週 1 時間」あるいは「朝自習」など特別枠を設けて行ってきました。

2) 課題解決学習（内容系教科 A）

　前もって言っておきますが，内容系教科をAとBに分けたいと考え
ます。内容系教科Aとは，理科や社会科や国語の一部（説明文）で行
う「課題解決学習」です。内容系教科Bとは，これら理科や社会科や
国語の一部（説明文）で行う「課題"選択"解決学習」です。この2
つの学習を分けている事柄は，文字どおり，課題が"選択"できるもの
になっているかどうか，ということです。私たちはこの区分にこだわっ
てきましたが，学校のDX化という機会をとらえて，大いに，こだわり
たいと考えます。

　理由は次の通りです。前章の図1で示しておきましたが，「指導の個
別化」領域と「学習の個性化」領域に区分し，すなわち，A・B領域と
C・D領域に分け，何より，教育活動の変革の方略としてZ文字の方向
に，すなわち，A⇒B⇒C⇒Dに導こうとするとき，B⇒Cに領域を
超えて導く要因を考えねばなりません。教育内容をめぐって，主導権
（ヘゲモニー）を教師から子どもに移していく必要があります。「学習課
題が選択できる」ということの重要性を指摘しておきたいのです。「選
択できる」という行為こそ「学習の個性化」の第一歩なのです。

3)　課題選択解決学習（内容系教科B）

　しかし，実は，この「課題"選択"」というあり方は，全くと言って
いいほど，理解されないのです。しかし，「学習の個性化」にこだわる
私たちにとっては極めて重要なことです。先回りして言及しておきます
が，"選択と集中"という原理に従い，学習の個性化を図りたいのです。

　第5章4-(1)（137ページ）で「特に得意とする教育内容と得意とす
る追究方法」を育てる評価活動について触れますが，内容系教科Bに
おける「課題選択解決学習」を前提としているものです。

　繰り返しますが，課題解決学習（内容系教科A）と課題選択解決学習
（内容系教科B）を分けているものは「課題"選択"」ということです。
前章2-(4)で示した10の「指導学習プログラム（個別指導システム）」

のうち，後者は第8プログラムに相当します。

　前者ですが，理科や社会科や国語の一部では，子どもたち全員同じ学習内容が教えられ，取り扱われます。たとえば，理科の生物分野で，魚類の中でクジラについて学ぶ場合，クジラの生息地，種類，捕鯨などクジラをめぐる知識内容を全員が学びます。社会の歴史的分野で鎌倉時代について学ぶ場合，鎌倉時代の政治，経済，生活など歴史的知識について"まんべんなく"学びます。すなわち，子どもたち全員が同じ知識を"広く浅く"習得するというのが今までのあり方です。

　しかし，このあり方では，子どもの個性的な関心を深めることができません。たとえば，ある子がクジラの生息地に関心があり，生息地についてさらに深く集中して追求したいと希望しても，認められません。同じように，鎌倉時代について，ある子が政治のあり方について関心があり，政治について集中して深く学びたいとしても，認められません。

　こうした現状のあり方は，「学習の個性化」，すなわち，C・D領域の学習を充実したいと考える私たちにとって，大きな障害です。一般的には，義務教育期間では子どもたちは全員共通した知識と追究方法を身に付けるべきものと考えられています。すなわち，「学習の個性化」にかかわる扱いは高等学校から始めればいい，と受け止められているようです。しかし，今日，多様な子どもの存在と多様な子どものニーズが認められるべきと言われるとき，"選択と集中"という原理に基づく学習のあり方はますます重要になってきています。学校DXによって「個に応じた学習」モデルを作り出そうとするとき，特に課題選択解決学習というあり方は極めて重要になります。

　補足しますと，1989年（平成元年）の学習指導要領の改訂で，小学校低学年の理科と社会科が統合され，「生活科」が導入され，中学校に「選択教科等に充てられる時間」が導入され，1998年（平成10年）の改定で小・中学校に「総合的な学習の時間」が設けられました。この

「生活科」も，「総合的な学習の時間」も，内容系教科に属するものと考えます。ただし，理科や社会科では，それぞれの教科の持つ系統性に属する内容が学ばれるのですが，生活科と総合的な学習の時間では，取り扱われる総合的なトピックあるいはテーマをめぐって，総合的に内容が学ばれるのです。

　こだわり過ぎていることを自覚していますが，前章2 −(5)で述べておいたように，課題選択学習にとって，テストや入学試験のあり方が障害になっているということです。

4)　問題解決学習（生活科／総合的な学習の時間）

　なお，私たちは内容系教科のうち理科と社会科と国語の一部の学習方法としては「課題解決学習」や「課題選択解決学習」を適用し，生活科や総合的な学習の時間には「問題解決学習」を当てたいと考えています。ここでは，「課題」と「問題」を意識的に峻別しています。一般的には，両者は区別されず，しかも，両者ともによく使われている表現です。

　私たちにとって，区分は極めて重要なことですので，説明いたします。英語で言えば，前者はタスク（task）で，後者はクエスション（question）です。課題は「課せられた題」であり，問題は「問われた題」です。前者は教科の系統性から導かれてくる課題であり，後者は学習者が問うトピックと言っていいでしょう。この違いは重要で，最後にも触れますが，学校DXが求める新しい「学習モデル」を作り出そうとするとき，極めて重要になります。

2 ドリル学習のための個別「学習カード（シート）」の作成

(1) 算数・数学，国語，英語での「ドリル（はげみ）学習」

　算数・数学，国語，英語などの教科を「用具（ツール）系教科」と呼ぶことに抵抗感を感じている教師が多いと思われます。それこそ，それぞれの教科には教科の"本質"があり，他の教科と峻別される教科固有の体系をなす"見方・考え方"がある，と言われそうです。まさに，それこそ「教科縦割システム」を支える考え方です。もっと言えば，教員養成制度も，教育行政制度も「教科縦割システム」を前提として機能しています。

　しかし，現実の学校での教育課程を見てみると，特に小学校では，これらの教科はツール（技能：スキル）として意識的に指導されているのです。それぞれの教科の学習活動の中で，ドリル学習として速くかつ正確に読めたり，書けたり，計算できたりするように，繰り返し練習されているのです。もちろん，単元ごとのテストでも，地域や全国規模でのテストでも，かなりの出題がツールあるいはスキルにかかわる問題です。ちなみに，子どもたちはドリル帳とか，練習帳を持っていて，ほとんどの学校が「宿題」としても活用されているのです。

　算数・数学では，特に「数と計算」領域は極めて体系的に"ステップ・バイ・ステップ"に構成されています。国語では，読み書きをめぐって，学習指導要領に示されている「漢字学年配当表」に従って編集された教科書が用いられ，教科書に準拠した漢字練習帳が活用されています。英語もまた，小学校では単語400，中学校では単語1200と定められています。教科書はこれらの英単語を用いて編纂されています。国語

や英語では，今でも，新しい単元に入るに際して「新出漢字・単語」の
学習を課すのが一般的ではないでしょうか。

　確かに，算数・数学，国語，英語は「ツール（スキル）教科」と言っ
ていいでしょう。何より，読み・書きする能力や計算する能力がなけれ
ば，他の教科の学習は難しいと考えられるので，教師ばかりではなく，
親や社会のこれらの用具系教科に関する関心は極度に高いと言っていい
でしょう。

　ということもあって，かつて一部の学校では，学校裁量時間（ゆとり
の時間）などを活用して，毎週1校時，“特設型” ドリル学習を行って
いました。今では，ドリル学習を10分から15分の短い “朝自習” で
行っている学校がほとんどでしょう。また，宿題（家庭学習）として行
っている学校がすべてと言ってもいいでしょう。

⑵　学習カード（シート）の作成

　このような算数・数学，国語，英語の授業の一部として行われる「ド
リル学習」に用いられる「学習材」は，市販の “ドリル帳” あるいは
“練習帳” です。学校は，学校が採用した教科書に準拠した “ドリル帳”
あるいは “練習帳” を使用しています。評価活動のためにいわゆる “ば
らテスト” とセットになっていることが一般的でしょう。

　しかし，一部の学校では，学校でドリル学習について研究し，独自の
系統表を作成し，それぞれの活動について「学習カード（シート）」を
作成してきています。

1)　算数と国語の「はげみ学習」（緒川小学校）

　愛知県東浦町立緒川小学校は，1978年（昭和53年）にオープン・
スクールとして全面改修された学校で，「多目的ホール」を活用して，
学校裁量時間で，算数（数と計算）の領域での「はげみ学習」と呼ぶ週
1時間のドリル学習を始めています。この “特設型” ドリル学習は学年

の枠を外して83ステップからなる「無学年制学習活動」とし，子ども
たちは自分のペースに沿って，学年にとらわれず，自学自習していくこ
とができるようになっています。

　各ステップには何枚かの「学習カード」が作成されており，子どもた
ちは自学自習していきます。また，子どもたちが自学自習できる補助教
材（教師自作テープ教材）が用意されており，"講座"と名付けられた
個人指導を受ける機会が設けられています。子どもたちは1つのステッ
プの学習が終わると，検定カードに挑戦し，自己採点し，教師の承認

表3　はげみ学習（数と計算）の系統表（緒川小学校）

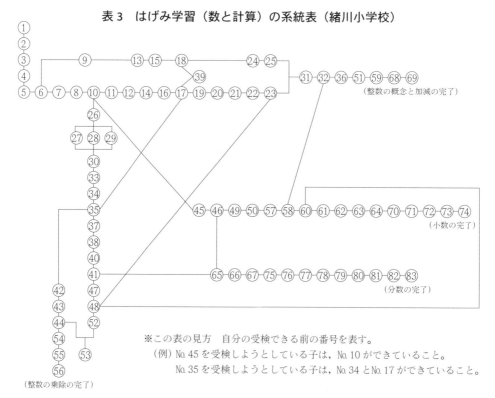

※この表の見方　自分の受検できる前の番号を表す。
　（例）No. 45を受検しようとしている子は，No. 10ができていること。
　　　　No. 35を受検しようとしている子は，No. 34とNo. 17ができていること。

（加藤幸次・小山儀秋編著『算数・数学・国語の個別化・個性化教育』黎明書房，
1985年，p.27）

56

を受けて，次のステップに進むという構造になっています。

　他方，国語（読書）の領域でも，各学年の国語の教科書に準拠した66ステップからなるドリル学習を始めています。この国語の"特設型"ドリル学習は「朝自習（8:30 ～ 8:50）」の中で使用する形式のもので，「学年別学習活動」として計画されています。

2)　算数の「はげみ学習」（池田小学校）

　岐阜県池田町立池田小学校は，1980年（昭和55年）にオープン・スペースを持った学校として新設され，この学校でも算数の「はげみ」と名付けた学習活動が展開されていました。1年から6年までの単元内容を100段階に分け，それぞれの段階にHOP（基礎基本の問題），STEP（ドリル的な問題），JUMP（楽しい問題）を作成し，週に1コマの時間を取って行う"特設型"ドリル学習です。

表4　算数「はげみ学習」の方法（池田小学校）

		場所と1時間の流れ
A	算数の力があり，自分で答え合わせをして進める児童	・場所…多目的ホール・いなほ広場・理科室・家庭科室 ① HOP → STEP → JUMP ② HOP → STEP → HOP → STEP ③ HOP → STEP → HOP → STEP → JUMP
B	ちょっとしたつまずきを持っている児童	・以上のコースの中から本時のコースを決め，自分の番号のカードに従って学習し自己採点する。 ・検閲を受け，全部できた児童は Ⓗ Ⓢ のはんを押し，いなほ広場でJUMPをする。つまずきのあった児童は指導を受け，次回，同じHOPを行う。
C	時間をかけて個別指導したい児童	・場所…図書室 ・各学年毎，四つのグループに分かれ，個別に，HOP，STEPの順に進む。
D	算数の基礎がなく授業について行けない児童	・場所…あすなろ広場 ・具体物を豊富に用意し，具体的操作を主体にしてHOP中心に進んで行く。

（加藤幸次編著『個別化・個性化実践から学ぶ（小学校）』明治図書，1985年，p.39）

教師は子どもたちをＡ（算数の力があり，自分で答え合わせをして進める児童），Ｂ（ちょっとしたつまずきを持っている児童），Ｃ（時間をかけて個別指導したい児童），Ｄ（算数の基礎がなく授業について行けない児童）に能力別に分け，ティームティーチングで指導に当たっています。

　以上，緒川小学校と池田小学校の「用具系教科」である算数と国語での"特設型"ドリル学習について見てきましたが，それぞれ，ドリル学習に必要な学習材を自作しています。そこでは，指導のあり方とともに，子どもたち一人ひとりの「能力・適性」への配慮がなされ，市販されている教科書準拠のドリル帳，練習帳を越えようとしていると言えます。

　今日，GIGA スクール構想の下で「1 人 1 台端末」環境ができ，「個別最適な学び」が目指されようとしています。一方，コロナ渦の状況のもとオンラインによる学習が取り入れられつつあります。指導内容の系統性が極めて"強い"と考えられている用具系教科は「1 人 1 台端末」環境に適した学習活動と目されていると考えられます。また，一人ひとりの子どもの学習履歴（ログ）の収集も容易で，収集した情報（学習スタイル）を基に個別指導が行いやすい，と理解されていると見受けられます。各学校が自分たちの「地域や児童生徒の実態」を考慮して作成してきた，これら基礎学力の定着を目指すドリル学習のための学習材（学習カード（シート））は教師たちが創意工夫して作成した貴重な産物です。

3　課題解決学習のための「学習パッケージ（セット）」の作成

(1)　学習活動の全体を鳥瞰する「学習の手引き（ガイド）」が重要である

　教師あるいは教科書から "課せられる題" をめぐって，自力で解決していく学習が課題解決学習です。重要なことですので，繰り返しますが，課題をめぐる内容の理解はもちろん大切ですが，同時に子どもたちが「自己学習する力」を育成することも重要な目標です。

　「社会，理科，国語の一部」の内容系教科 A では，教師が教科書に従って「課題」を提示し，学習活動への動機付けを目指して "導入（イントロダクション）" を行います。自学自習する力の育成を目指す学習では，この段階の活動のために，「学習の手引き（ガイド）」を作成し，学級全員に対して導入を図ります。

　導入が図られた後，子どもたちは 1 人で，2 人で，あるいは，小グループで学習していくことになります。独力で学習に挑戦すると決めることもあるし，ペアを組んで友だちと一緒に学習することもあるし，数人の友だちと一緒になって学習することもあります。すなわち，第 2 章で見た「『個に応じた指導』のための 10 の指導学習プログラム（個別指導システム）」の中の第 4，5 および 6 の指導学習プログラムを採用し，課題解決学習を進めることになります。「一人学習」，「二人学習」あるいは「小グループ学習」と決めて取り組んでもいいかと思います。あるいは，学習プログラムを決めずに，子どもたちの選択に任せておくことも面白いと考えます。

　重要なことは「一人学習」という指導学習プログラムでも，子どもた

ちは決して一人だけで学習することはなく，常に，自然に，友だちと話し合いながら学習していくということです。

　また，学習活動の場を教室以外に広げ，空き教室，図書館，オープン・スペースなどの活用を図ることも重要になってきます。自由な感覚が広がります。

　これらの指導学習プログラムで，学習意欲，学習動機を高めるために，導入時に行われる「学習の手引き（ガイド）」を用いた学習は極めて重要です。ここで，子どもたちに「学習活動の全体像」を意識させ，育てることを目指します。言い換えると，全体を鳥瞰する「メタ認知力」を育てることは自己教育力（自ら学ぶ力）の育成を目指す授業の重要な役割です。一口で言えば，課題解決活動という平面的，2次元的な認知行為を反省的，批判的な視点から見るために，立体的，3次元的なメタ認知行為が必要というわけです。なお，第5章1と2で「自己評価活動」に触れる際，さらに，詳しく触れる予定です。

　そもそも，今日までの授業では，子どもたちには学習活動の全体像が与えられていません。その証拠に，毎回，教師が教室に来て「今日の課題」を子どもたちに告げて，初めて今日の学習課題がわかるというわけです。教師は教科の年間指導計画や単元指導計画に基づいた授業案を持って授業に臨んでいるのですが，子どもたちは自分の学習計画を持つことはないのです。言い換えると，子どもたちは教師によって毎時間"小出しされる"今日の学習課題に従って学習していて，学習活動の全体像を描けずに，部分的な活動に従事しているということです。

1）　小学校3年社会科『ちがった土地の人々のしごととくらし』の学習の手引きと学習パッケージ（緒川小学校）

　表5を見てください。最初に「学習のもくひょう」が子どもたちにわかる言葉で示されていて，この単元の学習時間は8時間です。⓪は動機付け活動で，最初の1時間を使って導入を図ります。①は(1)，(2)，

表5　小学校3年社会科『ちがった土地の人々のしごととくらし』の「学習の手引き」（緒川小学校）

学習のもくひょう

　その土地の人々が，地形や気候を仕事やくらしにどのように生かしているか，また，どんな工夫や努力をしているか，調べましょう。

───────────── 学習時間　8時間 ─────────────

0 　これまで，先生や学年のみんなといっしょに「愛知県の地形と気候，人口と交通」について学習してきました。私たちの住んでいる東浦町とは，地形も気候もずいぶんちがう土地が愛知県の中にもありましたね。今からの学習では，そうした地形や気候などが，人々の仕事やくらしにどんなえいきょうをあたえているか，また，人々はどんな工夫や努力をしているかを，県内のいろいろな土地について調べていきましょう。

	カード	のびゆく大愛知	その他
1 「山地のくらし（奥三河地方）」について調べましょう。			
(1)「奥三河の特色ある産業（林業）」について調べましょう。 ▶　先生にノートを見てもらいましょう。	学1		VTR 「奥三河の里」 カセット・テープ 「奥三河の特色ある産業」
(2)「奥三河の特色ある産業（しいたけ，高原野菜作り）」について調べましょう。 ▶　先生にノートを見てもらいましょう。	学2	P.22 ～ 26	カセット・テープ 「奥三河の野菜作り」
(3)「奥三河の人々のくらしのようす」について調べましょう。	学3		VTR 「国定公園天竜奥三河」 資料「津具村の子の作文」

─────── ここまでは，全員ができるようにがんばりましょう。 ───────

	カード	のびゆく大愛知	その他
2 「他の土地のくらし」などについて調べましょう。 ▶　先生にノートを見てもらいましょう。	学4～7 資1, 2	P.27 ～ 57	VTR 「水屋」 「尾張の水郷」 カセット・テープ 「海部地方の米作り」 「濃尾平野の野菜作り」

（加藤幸次・前田光市編著『社会・理科の個別化・個性化教育』黎明書房，1985年，p.74）

⑶の3つの学習活動からなっており，それぞれの学習課題が示されています。[2]は発展学習です。▶は評価活動で，初めの2つは形成的評価で，最後のものは総括的評価でしょう。

　この8時間単元には，7枚の学習カードと2枚の資料カード，教科書（『のびゆく大愛知』），4つのVTRと4つのカセット・テープが用意されています。

4　課題選択解決学習のための「学習パッケージ（セット）」の作成

⑴　中学校2年社会科（地理的分野）『身近な地域』の学習の手引きと学習パッケージ（北部中学校）

　ここで取り上げる愛知県東浦町立北部中学校は，上で取り上げた緒川小学校の隣にあり，緒川小学校より1年早く1977年（昭和52年）に新築された，日本で最初の本格的な「教科教室型オープン・スクール」です。

　表6を見てください。この学習の手引きの構成は上の緒川小学校のそれと似ています。[0]は導入活動，[1]から[3]は共通学習，[4]はA，B，C，Dの4つのコースからなる課題選択解決学習で，[5]はまとめ活動で，最後の[6]は発展学習です。▶の評価活動は「チェックテスト」と「報告書」を書き，教師に提出することです。時間配分は次のようです。[0]は1時間，[1]から[3]は7時間，[4]は5時間，[5]は1時間，[6]は時間調整に使われる時間です。（図4，64ページ参照）

　この単元では，共通学習では「地理学習ノート」が使われたと思われます。発展的な課題選択解決学習では，A，Bコースのために3枚の「課題プリント」，「学習資料『東浦』」，3つのVTRが用意されています。

表 6　中学校 2 年社会科（地理的分野）『身近な地域』の「学習の手引き」（北部中学校）

┌─この「手引き」の目標─

① 地形図の読みとりに必要なことは何か。

② 野外観察はどのように行ったらよいのか。

③ 私たちの町「東浦」はどのような特色があるのか。またどう変化してきたか。

④ 私たちの町について調べたことを報告書にまとめる。

└─────────────────── 標準時間　14 時間 ───

[0]　(亀崎駅から) 再ビ汽車ニ乗リテ，北ニ進メバ，右ニ衣ヶ浦ヲ眺メ，左ニ有脇村・藤江村ヲ望ミマス。此村ニテハ古ヨリ食塩ヲ製シマス。今見ユル処ノ平カナル砂地ハ，即塩田デアリマス。

　　この文章は 1899 (明 32) 年の小学校読本「知多郡地理歴史」に書かれてあったものです。明治になっても東浦町には塩田があった。また町内，特に国道 366 号より東には塩に関する地名や〇〇新田といった地方が多く残されています。これらの地名はどのような関係にあるのでしょう。これらの地名をはじめとして，身近な地域を学習しながら，地域の特色や変化について学習しましょう。

[1]　特色ある地形の概要の読みとりや地形図のきまりを身につけることで，地形図を読みとることができるようになりましょう。

[2]　学校のまわりを野外観察し，現地と地形図を比較・検討しましょう。

[3]　自分の住んでいる地区を観察し，調査したことをもとにグループで発表しましょう。
　▶ チェックテストをして先生に見てもらいましょう。

───（ここからの学習はA，B，C，Dの 4 コースから自分で選択し学習しましょう。）

A コース	B コース	課題プリント	学習資料「東浦」	その他	C コース	D コース
[4]　先生の講義を受けながら下の点について学習しましょう。 東浦の ・自然環境と人口 ・歴史の変化 ・産業	[4]　課題プリントを中心に東浦の特色と変化について調べましょう。	① ② ③	P.7 〜 P.34	VTR 1 〜 3	[4]　東浦の特色と変化について下の 3 点を調べましょう。 ・自然環境と人口 ・歴史 ・産業	[4]　東浦に関することで，自分なりにテーマを見つけ調べてみましょう。 VTR 1.「於大の方」 2.「村木砦」 3.「わたしたちの町　東浦」

[5]　「わたしたちの町　東浦」という題で報告書をまとめてみましょう。
　▶ 報告書と調べてきたものを先生に見てもらいましょう。

──── ここまでは全員通過するようがんばりましょう。────

[6]　[0]について君なりの解説や「〇〇タイムズ」といった新聞をつくってみましょう。

（加藤幸次・前田光市編著『社会・理科の個別化・個性化教育』黎明書房，1985 年，p.138）

図4 中学校2年社会科（地理的分野）『身近な地域』のフローチャート（北部中学校）

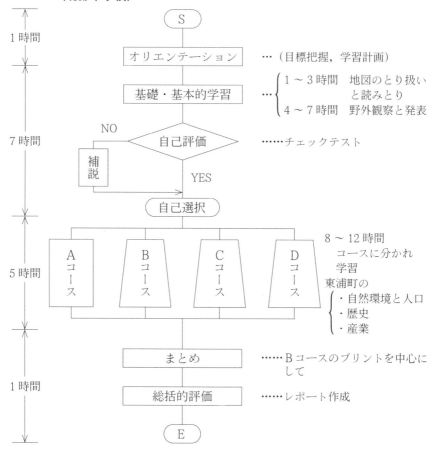

※ A～Dコースについて
Aコース……個別学習を部分的に取り入れた一斉指導
Bコース……課題解決的学習（与えられた課題プリント中心に）
Cコース……選択・発展学習Ⅰ（東浦町の特色と変化について自然環境と人口, 歴史, 産業とに分けてそれぞれに自分でテーマを見つけ解決していく）
Dコース……選択・発展学習Ⅱ（東浦町に関することならテーマは自由）

（加藤幸次・前田光市編著『社会・理科の個別化・個性化教育』黎明書房, 1985年, p.134）

Ｃコースは「地理学習ノート」が使われ，Ｄコースには３つのVTRが用意されています。

5　問題解決学習のための「契約学習シート」の作成

(1)　総合的な学習の時間での「問題解決学習」

　繰り返し述べますが，「課題解決学習・課題選択解決学習」と「問題解決学習」をしっかり分けて考えたいのです。前２者では，学習課題は教師あるいは教科書によって単元の初めに子どもたちに指示されます。教師あるいは教科書から「課せられた題」ということで「課題（タスク）」というわけです。しかし，後者では，教師が学習を始めるにあたって子どもたちに「何を学習したいのか」と問い，子どもたちが学習したい事柄を決めるのです。

　第２章の冒頭で触れた「ヘゲモニー」にかかわるＡとＢ領域（指導の個別化）とＣとＤ領域（学習の個性化）で言うと，教師が子どもたちに課題を与える課題解決学習は前者に属します。ただし，子どもたちが課題を選択できる形の場合，すなわち，課題選択解決学習はＣ領域に属します。子どもたちが自分たちで問題を決めて学習していく問題解決学習はＤ領域に属します。

　たとえば，環境汚染というテーマについて学習しようとするとき，まず，河川汚染，海洋汚染，大気汚染，土壌汚染などについて考えます。続いて，具体的に「学校の横を流れている川の汚染」について学習しようと決めたとします。このとき，ウェビング手法を活用して，学習問題を絞り込んでいきます。「水質調査」，「魚の調査」，「投棄物調査」，「川の保全」など具体的な学習対象を決め，グループごとに分担し，追究す

ることになります。

(2) ウェビングのプロセスを経て「契約学習シート」を作成する

　ウェビングという学習課題づくりの手法は戦後のイギリスの教師たちが編み出したものです。ウェブとはクモの巣のことで，ウェビングとはクモが巣を張るような行為です。1つのテーマをめぐって，概念・ルールとそれを支える事実・例にまとめていく手法です。

1) 「道路工事」をめぐって作られたウェビング図（卯ノ里小学校）

　新学年になって学校の前の道の工事が始まり，愛知県東浦町の卯ノ里小学校の子どもたちは登下校のたびに工事の進行を目にすることになりました。5年生の1つのクラスの子どもたちは総合的な学習の時間で学校の前で行われている「道路工事」について調べたいと言い，図5は彼らが作ったウェビング図です。

　『むかしの道路』，『道路の種類』，『どんな機械が使われているか』，『どんな仕事をしているか』という4つの"探究テーマ"が作られ，グループに分かれて調べ，最後に発表会を開いて，まとめたのでした。

　重要なことは，ウェビングで"探究テーマ"を作るとき，同時に，追究の手だてやスケジュールも決めていくことです。すなわち，テーマを決めるだけでなく，探究活動のプランニングも行うことです。たとえば，『むかしの道路』で言えば，どこに行けば昔の地図があるのか，誰か聞く人はいないかについて探りを入れ，また，どんな順序で調べていくのか，まとめをどんな形でするのか，などおよそのプランを考えていかねばなりません。もちろん，グループ内での役割分担も決めていかねばなりません。

　そのために，ウェビングには数時間を予定するのが望ましいのです。

2) 「契約学習シート」を作成する

　子どもたちが自分たちの興味・関心から学習テーマを決め，さらに，

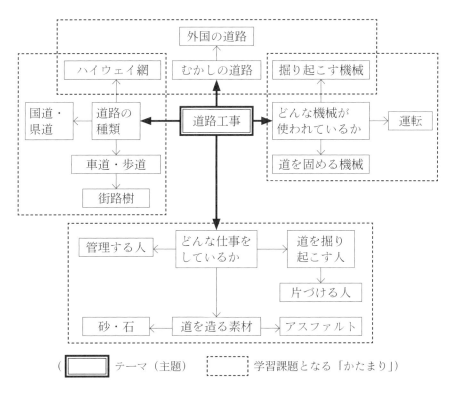

(　□　 テーマ（主題）　　┆┄┄┆ 学習課題となる「かたまり」)

図 5　「道路工事」をめぐって作られたウェビング図　（卯ノ里小学校）
(加藤幸次『アクティブ・ラーニングの考え方・進め方』黎明書房，2016 年，p.78)

"探究テーマ"を分担して学習しようとする総合的な学習では，ウェビングにしっかり時間をさかねばなりません。

　まず，学級全体としてウェビングをします。次に，"探究テーマ"ごとにグループに分かれて，より詳細な学習計画について話し合います。その結果を，表7，表8のような「契約学習シート」にまとめておきます。このシートは，3，4節で見た課題解決学習および課題選択解決学習での「学習の手引き（ガイド）」に相当します。言い換えますと，子どもたちはこれから探究しようとする事柄に対して，ウェビング活動を

通して，鳥瞰的視野（メタ認知的思考）を獲得することを期待している
のです。

　したがって，「学習の手引き（ガイド）」と「契約学習シート」の内容
構成は同じでいいのです。前者は教師が準備し作成したガイドです。そ
れに対して，後者は子どもたちが準備し，教師のアドバイスを受けて，
作成するものです。一般的には学級全体としてウェビングを行い，続い
て"探究テーマ"ごとにグループで詳細な学習計画を作成し，教師の承
諾を得ます。

　表7を見てください。シートの構成は「学習の手引き（ガイド）」と
同じです。何より，学習目標（「学習課題」）について書き出しておくべ

表7　契約学習シート（A）	表8　契約学習シート（B）
単元名 　　　　　　　　　　　月　　　日 ＿＿＿＿＿学級　　氏名＿＿＿＿＿＿＿＿＿ (1)　学習課題 (2)　選んだ理由 　　1.＿＿＿＿＿＿＿＿＿＿＿＿＿ 　　2.＿＿＿＿＿＿＿＿＿＿＿＿＿ 　　3.＿＿＿＿＿＿＿＿＿＿＿＿＿ (3)　学習計画 | 活動・日時 | 場所・人 | 資　料 | (4)　まとめ方 (5)　先生からのアドバイス（先生の承認）	学習活動名 　　　　　　　　　　　月　　　日 ＿＿＿＿＿学級　　　氏名＿＿＿＿＿＿＿＿＿ (1)　学習課題 (2)　学習のねらい (3)　学習活動の展開(時間配分,資料,場所など) (4)　先生からのアドバイス（先生の認印） (5)　予想される成果 (6)　完了予定日　　　月　　　日

（加藤幸次『アクティブ・ラーニングの考え方・進め方』黎明書房, 2016 年, p.140-141）

きです。また，「単元設定の理由」を模して，学習問題設定の理由（「選んだ理由」）についてまとめて書き出しておくべきでしょう。次に，「(3) 学習計画」に予定されるサブ学習課題（テーマ）を挙げ，サブ学習課題の探究に使用する学習材についても，書き出しておくことができれば，すばらしいでしょう。最後に，どんなまとめ方をするのか，書き出すことができれば，これまた，すばらしいことです。契約学習シート（A）は学習計画表に相当するものです。

　表 8 は表 7 に比べて，大まかな「契約学習シート（B）」です。"探究テーマ"（「学習課題」）についておおよその見通しを立て，教師からのサゼスションと承諾を得て，探究を開始します。表 7 であれ，表 8 であれ，重要なことは学習に先立って学習活動の全体像を描くことであり，描くことにより子どもたちのメタ認知力（メタ認知的思考力）を高めることです。

6　教科横断的な「モジュール学習」のための学習材づくり（香川大学教育学部附属坂出中学校）

(1)　モジュール学習（共通学習と自由学習）

　附属坂出中学校は 1979 年に文部省の研究開発『課題：中学校において生徒の発達段階や能力・適性等に応じた教科の履修方式を可能にする教育課程の研究開発』の指定を受けるにあたって，次のような 4 つの仮説を立て，研究はこの仮説を検証することとしています。

①　多様で柔軟な学習内容が用意されていること（教材のモジュール化）
②　多様で柔軟な教育方法が計画されていること（コースの選択制）
③　多様で柔軟な学習時間が確保されていること（時間のモジュール化）
④　多様で柔軟な学習空間が用意されていること

次に，基礎的・基本的事項を「共通学習」として，これに午前中の授業をあて生徒全員に学ばせます。応用的・発展的事項を「自由学習」として，これに午後の授業をあて生徒の興味・関心に応じて教科間から選択させ学ばせるとしています。同時に，学習時間について従来のように一律なものとせず，各教科・教材等の特性を踏まえ，柔軟なものとし，1単位時間（1モジュール）を15分とするモジュール方式を採用するとしています。

表9を見てください。それぞれの教科の単元について基礎的・基本的事項の定着を重視する共通学習はマスタリー学習方式を採用しています。前章2－(4)－①で見た，一斉指導を補充する個別指導（マスタリー学習）を行うとする「モジュール学習」です。

共通学習を(1)経験・成就型，(2)治療・教科型，および，(3)深化・拡充型に分け，生徒が選択できるように工夫しています。こうした共通学習は月曜日から土曜日の午前中の授業として組まれ，週72モジュール（1080分）の長さで計画されています。

他方，個性・能力の伸長を目指す自由学習は無学年制による教科間選択方式を採用しています。学習課題は教科の系統から"発展したもの"とし，学級の枠を超え，学年のレベルで選択し，一人学習とともに小グループ学習も認められるものです。こうした自由学習は火曜日，木曜日，金曜日の午後の授業として組まれ，週18モジュール（270分）の長さで計画されています。自由学習は6月と11月に行われますが，1つの自由学習モジュールの学習時間は48モジュール（720分）と決められています。

(2) 「モジュールブック」の作成

前項の最初に述べましたが，附属坂出中学校が文部省の研究指定を受け入れたのは1979年（昭和54年）ですので，研究は2002年（平成

表 9　モジュール学習（共通学習と自由学習）

	共通学習 （基礎的・基本的事項の学習）	自由学習 （応用的・発展的事項の学習）
特徴	全員に必要な基礎的・基本的事項の学習をめざす。	ひとりひとりの能力・適性等に応じて学習の個性化をめざす。
目標	自己学習能力の養成（培う）。 基礎的・基本的事項の完全習得。	自己学習能力の伸長（鍛える）。 基礎的・基本的事項の応用・発展。
学習内容	A　生徒の実態から 　　a　生徒が経験することに喜びをもつもの。 　　b　生徒がわかったりできたりするもの。 　　c　生徒の興味・関心のより強いもの。 B　指導の立場から 　　a　直接経験が多くとれるもの。 　　b　時数・設備の中で実施できるもの。 C　生活との関係から 　　a　現在の生活に必要なもの。 　　b　将来の生活とのかかわりの大きいもの。 D　教科の体系から 　　a　中核的なもの。	A　生徒の実態から 　　a　生徒が習熟することに喜びをもつもの。 　　b　生徒が自力で問題解決に立ち向かえるもの。 　　c　生徒の能力・適性等を生かせるもの。 B　指導の立場から 　　a　直接経験が自力で多くできるもの。 　　b　時間・設備を工夫して学習できるもの。 C　生活との関係から D　教科の体系から 　　a　発展的なもの。
学習過程	教師の指導によって生徒が学びとる。	生徒の自主性を先行させ，教師が助言する。
学習形態	学級単位 一斉学習，小集団学習，個別学習。	学年単位（学級のわくをはずす。） 小集団学習，個別学習。
学習時間 （週あたり）	月曜日〜土曜日の毎日午前中。 合計 72 モジュール（1080 分）。 各教科の比率は新教育課程による。	火曜日，木曜日，金曜日の午後。 合計 18 モジュール（270 分）。 全教科とも同一時間数。
選択制	教科内選択。 学習コースの選択ができる。	教科間選択。 学習課題の選択ができる。
評価	到達度評価。 目標にどれだけ近づいたか。	学習過程評価。 出発からどれだけ伸びたか。
教師の役割	Instructive teacher. 軌道を敷く。 思考を導く。	Helping teacher. 軌道を修正する。 思考を援助する。

（香川大学教育学部附属坂出中学校「生徒一人ひとりの自己学習能力を育成するためのモジュール学習のあり方」研究紀要『生徒一人ひとりの自己学習能力を育成するためのモジュール学習』1982 年，p.11）

14年）には24年目を迎えます。この年に作成された『モジュールブック』は第51集です。単純に計算すると，1年に2冊の割合で『モジュールブック』を作成してきたことになります。ここにも，莫大な時間とエネルギーが費やされてきていることをうかがい知ることができます。

表10を見てください。2002年に作成された教科（教科選択）型自由学習モジュールのリストです。このリストによれば，24のモジュー

表10　教科（教科選択）型自由学習モジュール（2002年）

国語	「楽語の世界—言葉で笑いを贈ります—」（1年） 「私のさぬき物語」（3年選択）
社会	「沖縄返還」（2年） 「坂出の地図散歩」（1年）
数学	「平面図形（作図）」（1年） 「2乗に比例する関数」（3年） 「あなたの数学能力に挑戦」（3年選択） 「数学の謎や不思議を解きあかそう」（2年選択）
理科	「環境カリキュラム—石けんと合成洗剤—」（3年） 「環境カリキュラム—有用な土壌—」（1年） 「あなたは未来のサイエンティスト！」（2年選択）
音楽	「私が残したい『私たちの音』」（2年選択） 「絵本に音楽を（私のミュージカルブック創作）」（3年選択）
美術	「日本美術の鑑賞」（関連モジュール） 　雪舟（1年），葛飾北斎（2年），印象派（2年），尾形光琳（3年） 「感動・発見・日本の美」（3年選択）
保健体育	「バスケットボール（含ポートボール合同授業）」（3年） 「世界の遊び体験」（2年選択）
技術・ 家庭	「間伐材でペンスタンドを作り，木と人とのかかわりについて考えてみよう」（1年） 「中庭に間伐材でベンチを作り，滝の音をきいてみよう」（2年選択）
外国語	「ホームステイにおけるコミュニケーション」（1年） 「4ヵ国語で世界を歩こう！—英語で学ぶ基礎スペイン語講座—」 （3年選択）

（香川大学教育学部附属坂出中学校『教科・さぬき未来学モジュールブック』第51集，2002年，表紙裏）

ル学習が用意されています。1 年には選択学習はなく，1 年生全員が必修する教科型自由学習モジュールが 7 つ用意されています。2 年には，教科型自由学習として 3 モジュール，教科選択型自由学習が 5 モジュール用意され，3 年には教科型自由学習が 5 モジュール，教科選択型自由学習が 4 モジュール準備されています。共通学習は他の学校で言う「一人学習，マイペース学習，個別学習」にあたり，選択学習は「課題選択学習」にあたり，「単元内選択学習」と言っていいでしょう。

　『モジュールブック』と名付けられた学習材は，生徒が自学自習していく学習活動のための「学習パッケージ」で，附属坂出中学校では，ガイダンス・カード（M0：ゼロ・モジュール）で始まります。このカードには，「学習計画（学習の流れ）」，「評価観点」，「見方・使い方」，「学習目標」が示されています。続いて，数枚の「学習カード」があり，最後に，「自己評価カード」と「発展学習カード」があります。1 つのモジュール学習には，かなりの枚数のモジュール（学習カード），資料（資料カード），自己評価（振り返りカード）が用意されています。

　興味あることですが，附属坂出中学校は，進んで，1998 年（平成 10 年）には，今日の「教科等横断的な学習」の先駆と考えることのできる "2 教科が協働した" 合科型自由学習のモジュールを開発し始めています。2 つの教科の結びつき，そこでのテーマは教師たちに任されていますが，次の 8 つのモジュール学習が開発され，モジュール学習材が作成されています。

① 　21 世紀に贈る創作絵本―子供たちへのメッセージ（国語・美術）
② 　日本語のなかの世界・世界のなかの日本（国語・英語）
③ 　香川の未来学―21 世紀の香川の進むべき道（社会・数学）
④ 　ジパング発　異国見聞録　平成版―まだ見ぬ国を語ろう（社会・英語）
⑤ 　マスマスポーツ（数学・保健体育）

⑥　科学で検証・アグリカルチャー（理科・技術）

⑦　生活に役立つアイディア製品を作ろう（理科・家庭）

⑧　ON MY MIND　音・舞・マインド（音楽・保健体育）

(3)　合科型自由学習の事例

　参考までに，作成された合科型自由学習の事例について触れておきます。なお，合科型自由学習は「モジュラー・スケジュール」のもと，6月と11月に行われる学習活動ですが，ここでは，1年を通して行われるモジュール学習を例として取り上げます。

　1つの事例として，2000年（平成12年）に開発された合科型自由学習の8モジュール学習の中から『The Rakugo（落語と楽語―笑いの文化を伝えよう』（国語と英語の合科）を紹介します。表11（76 ～ 77ページ）を見てください。1年間にわたる国語と英語の合科型モジュール学習です。夏休みでの体験的な学習をはさんだ年間学習スケジュールが示されており，最後に，「学習のまとめ」について示されています。

7　DX'Zチャレンジ（方略1）

> 方略1：「学習時間」を育てるべき目標に転嫁させ，自学自習を促す「学習材」の進展を図る

　再度強調しておきますが，学校DXのねらいが「個に応じた指導」を変革し，「個に応じた学習」モデルとして再構築することにあるとすると，根本的な方略は第2章1−(2)で示した図1「教育内容と教育方法のマトリックス」の4つの領域を，可能な限り，A⇒B⇒C⇒DとZ文字型に引き伸ばすことです。この方略を「DX'Z」と名付けておきました。

　すなわち，この図式に従えば，「個に応じた学習」モデルにおける自

学自習を促す「学習材」は，はげみ（ドリル）学習（用具系教科）⇒課題解決学習（内容系教科 A）⇒課題選択解決学習（内容系教科 B）⇒問題解決学習（生活科／総合的な学習の時間）の方向に向かって，量的に増加させていくことになります。

　また，作り出した 10 の指導学習プログラム（表 1，34 ページ参照）について言えば，プログラム①，②，③から離れ，プログラム④〜⑩を用いた授業を増加させていくことです。さらに，プログラム⑦，⑧に特に注目しながら，プログラム⑨，⑩による授業を増加させていくことです。すなわち，「指導の個別化」から「学習の個性化」へと力点を移動させると言い換えても構いません。

(1) IT 技術を利活用して，自学自習を促す「学習材」を作成し，集積し，普及させる

　この章で詳しく見てきたように，私たちは 4 種類の自学自習を促す「学習材」を作成してきました。1 つは用具系教科の「ドリル学習」に対する "ステップ・バイ・ステップ" に構成された「学習カード（シート）」です。算数ドリルとか，漢字練習帳などとして市販されていますし，学校でも，業者テストとともに盛んに使われてきているはずですが，いまでも，教師たちがドリル学習のための「学習材」を作成している場合もあります。

　それに対して，もう 1 つは内容系教科 A と B のための自学自習を促す「学習パッケージ（セット）」は，見てきたように，私たちが多くの時間とエネルギーを費やし，創意工夫してきた学習材です。学校によっては，年間指導単元のほぼ半数について，開発し活用しています。私たちの誇りです。なお，「学習パッケージ（セット）」の作成にあたって，これまで必ずしも，内容系教科 A と B をしっかり区別してこなかったと反省しています。しかし，今日，特に学校 DX を機に新しい「個に応じ

表 11 「国語・英語」合科型自由学習『落語への招待—ガイダンス—』

第 1 回	5 月 12 日 (金)

落語への招待　—ガイダンス—

　今日から，平成 12 年度の自由学習が始まります。「落語」という日本の伝統芸能の世界に，言語に，「笑いの文化」に，自己表現に，興味を示し，挑戦しようと集まった 23 名のみなさん，ともに充実した学習をつくりあげましょう。そして，おおいに学習を楽しみ，言葉を味わい，自分の新しい世界を創造しましょう。きっと，あなたの学習は，人を幸せにすることができるはずです。

1. この自由学習を選択した理由を書きましょう。

2. この自由学習を始めるにあたっての今の気持ちを書きましょう。

3. あなたは「落語」についてどんなイメージをもっていますか。また，どんなことを知っているか書きましょう。

【イメージ】：

- -

【知っていること】：

4. あなたは「落語」のどんな分野に興味があり，どんなことを追究してみたいですか。また，この 1 年でどんなことができるようになりたいと思いますか。

5. 年間の学習の見通しを立ててみましょう。

◇　12月の自由学習の発表では，あなたはどんなかたちの学習成果を発表したいと
　　考えていますか？

それを実現するためには，どんな見通しで学習していったらよいでしょうか。

期	回	月　日	学習内容	私の学習する姿は…
前 期	1	5/12（金）	◇ガイダンス	
	2	5/22（月）	◇落語会参加	
	3	6/1（木）	◇練習モジュール I 「英語落語に挑戦」	
	4	6/5（月）	◇練習モジュール II 「落語の和訳に挑戦」	
	5	6/12（月）	◇練習モジュール III 「日本語落語に挑戦」	
	6	6/15（木）		
	7	6/22（木）	◇練習モジュール発表	
	8	6/27（火）	◇各自の課題を選択	
	9	7/15（土）	◇課題決定	
	夏休み		◇課題追究 ◇落語鑑賞	
後 期	10	9/2（土）	◇夏休みの学習成果発表	
	11	9/16（土）	◇課題追究	
	12	9/30（土）	◇中間発表	
	13	10/7（土）	◇課題追究	
	14	11/18（土）	◇課題追究	
	15	12/7（木）	◇「附属寄席」企画会議	
	16	12/14（木）	◇発表会「附属寄席」	
	17	12/16（土）	◇自由学習発表会	
	18	12/18（月）	◇学習のまとめ・ 1年間の振り返り	

（香川大学教育学部附属坂出中学校『合科型自由学習モジュールブック』第50集，
2000年，pp.2-1, 2-2)

た学習」モデルを創造しようとするとき，この区別は特に重要になって
くると思っています。マトリックスのB領域からC領域（図1，25ペー
ジ）に移動しようとするとき，すなわち，「指導の個別化」から「学
習の個性化」を導き出そうとするとき，カギとなる「選択と集中」とい
う原理から，内容系教科Aのための「学習パッケージ（セット）」とBの
ための「学習パッケージ（セット）」を意識的に分けて考えたいのです。

　最後の1つは総合的な学習の時間のための「契約学習シート」です。
総合的な学習の時間の導入が2010年の学習指導要領の改訂であったこ
ともあって，まだまだ，「契約学習シート」の開発は進んでいません。

　私たちが最も時間とエネルギーをかけて開発してきた自学自習を促す
学習材は，繰り返しますが，「学習パッケージ（セット）」です。学習活動
の全体を鳥瞰的に眺めるための「学習の手引き（ガイド）」をフェイス・
シートとして，何枚かの「学習カード」，「資料カード」，「チェック・カー
ド（自己評価表）」と学習活動に用いる資料やVTR等の「学習環境」か
らなる「パッケージ（セット）教材」です。

　教科書は主たる教科用図書なので，この中に含み込まねばなりません。
問題は学習指導要領が変わるたびに教科書が変わり，さらに，地域で採
択する教科書が異なるため"地域化"する必要があります。また，教師
によって単元の取り扱いが違うため"個人化"する必要があります。IT
技術の利活用によって，いまや，"地域化"，"個人化"への対応は極め
て容易になってきているはずです。

　30年近く前の話ですが，カリフォルニア大学ロスアンゼルス校に「学
習パッケージ（セット）」を普及していた研究室があり，訪問したこと
があります。この研究室は全国の先生方が開発した「学習パッケージ
（セット）」を集め，使用を希望する各地の先生方に送り届けていました。
IT技術を活用して，これらの学習材を作成し，集積し，普及を図るこ
とが重要になってきています。かつて，いくつかの学校で「カリキュラ

ム管理室」を設けて，これらの学習材を1ヵ所に保存し，再利用することに努めましたが，今日ではコンピュータの中に保存，共有すべきでしょう。

(2) 「契約学習シート」を活用して，「教科等横断的な学習」を多く作り出す

　DXは「縦割りシステム」を横から見ることによって，新しいモデルを作ることを奨励していると言えます。縦割りのシステムを横断的に統合することによって，新しい学習モデルが作り出されてくることが期待されています。

　翻って，学校の教育課程を見ると，教科，特別活動，道徳の3領域から構成され，特に教科領域は9教科がそれぞれ「縦割り」になって構成されています。しかし，同時に，現行の学習指導要領は各学校が教科等横断的な教育課程を中心に置いた"学校の教育課程"を編成することを推奨しています。

　2018年の学習指導要領の改訂によって，小・中学校では，横断的な教育課程によって「学習の基盤」となるコンピテンシー（資質・能力）の育成，および，「現代的な諸課題」に対応する資質・能力の育成を目指すべきであると言われています。

　他方，高等学校では「理数探究基礎，理数探究」，「歴史総合，世界史探究，日本史探究」という新しい教科目の導入が図られています。また，STEM教育についてよく聞くようになってきています。

　この教育は，Science（科学），Technology（技術），Engineering（工学），Mathematics（数学）の4つの分野を統合して学ぶ教育課程であり，現代社会において必要とされるスキルや知識を身につけることが期待されています。

　私たちは以前から盛んに「総合的な学習の時間」に挑戦してきました。

象徴的なことですが，2000年までに6冊の『総合学習』シリーズを刊行しています。「国際理解教育，情報教育，環境教育，福祉・健康教育，児童・生徒の興味・関心，地域や学校の特色」に関する総合学習（いずれも，黎明書房）を公にしています。一時的に総合学習への情熱は削がれましたが，再び今日，『教科等横断的な教育課程編成の考え方・進め方』（黎明書房，2019年）を刊行することができています。

　子どもたちの「自学自習」を促す「学習材」として，何度も繰り返しますが，用具系教科の「ドリル学習」には一連の「学習カード（シート）」を，内容系教科（A，B）には，「学習の手引き（ガイド）」に導かれた「学習パッケージ（セット）」を，そして，総合的な学習には「契約学習シート」を開発してきました。しかし，現行学習指導要領が目指す「教科等横断的な学習」に対して，「自学自習」を支援する「学習材」を作り出してきていないのです。

　この際，DX化を図り「個に応じた指導」から「個に応じた"学習"」モデルを作ろうとしているのですが，「教科等横断的な学習」に対して，「自学自習」を支援する"第4の学習材"を意識的に追加したいと考えます。

　2つのタイプが「教科等横断的な学習」には考えられます。

　1つは教科の「間」で横断的な学習を構成する場合で，他の1つは教科と総合的な学習との間で構成する場合です。

　前者は縦割りになった教科を横断的に統合した新しい学習領域で，「"教科"横断的な学習」と名付けておきます。後者は縦割りになった教科と総合的な学習を横断的に統合したもう1つ別の学習領域で，「"教科等"横断的な学習」と名付けておきます。"等"という文字が入るか入らないかの違いですが，両者を分けておきます。

　両者を合わせて，学習指導要領の言う「教科等横断的な視点」による教育課程にこの両者を識別し，入れ込みたいと考えます。付け加えてお

けば，両者がますます多く開発されていくプロセスで，教科の再編あるいは新教科の誕生が期待されます。

　表5，6と表22の「学習の手引き（ガイド）」（61，63と131ページ）と，表7と8の「契約学習シート」（68ページ）を見てください。両者の項目は同じ学習活動の流れを示しています。すなわち，①学習の目標，②学習時間，③サブ学習課題，④情報（資料・データ），⑤まとめ（発表，レポート）という5項目です。違いは，「学習の手引き（ガイド）」は事前に教師が作成しますが，これに対して，「契約学習シート」は単元への導入活動あるいはウェビングの後で，子どもたちが自分たちの手で作成することです。

　この違いをここでも生かすとすると，「"教科"横断的な学習」には教師が事前に「学習の手引き（ガイド）」を作成し，「"教科等"横断的な学習」では，子どもたちが自分たちの手で作成していくことになり，まさにD領域にふさわしい学習活動になります。子どもたちは学習活動の全体についてのメタ認知を獲得し，自分たちが学習活動の主人公であることを自覚していくことでしょう。

(参考文献：加藤幸次『教科等横断的な教育課程編成の考え方・進め方』黎明書房，2019年)

第4章

IT技術を利活用して，子どもたちが参加する柔軟な「時間割」を編成する

プロローグ　学校DXの目指すところは，私たちにとって「個に応じた指導」を深化させて，子どもたちの学習活動により重点を置いた「個に応じた学習」モデルを作り出すことです。

この章では，IT技術の利活用の第2ステップを意識して，一人ひとりの子どもが自分らしい学習活動を展開することができる柔軟なスケジューリングを考えたいのです。過去150年間，近代学校では教師が年間指導計画に基づき「時間割」を決めてきました。縦軸は時間，横軸は曜日から作られたマス目の中に9教科，道徳，特別活動をはめ込んできました。それは，まさに，"時間を割る"行為にふさわしいものです。縦軸の時間は45分，50分と"こま切れ"状態です。マス目に埋め込まれた教科等はこのような「時間帯」を意識して教えられてきているのです。

近代学校は「学年制」のもとに組織付けられ，発達してきました。同じ暦年齢の30人近い子どもたちが学年，学級を構成し，同じ教科等を同じペースで学習していくのです。近代学校は「同一内容・同一歩調」と名付けることができる発達観をベースに組織されてきているのです。

しかし，一人ひとりの子の学習活動は全く"同一"とはいかないのです。子どもたちの学習ペースが違うのです。すなわち，学習に必要な時間が違うのです。ある子は理解できない箇所にとどまって，理解できるまでやり切りたいはずです。別の子は納得できない箇所は納得できるまでこだわりたいはずです。ある子は教師から個別に指導を受けたいと思っているかもしれません。別の子は友だちの意見を聞きたいと思っているでしょう。そのために，自分のペースで学習したいに違いないのです。

この章での関心は，IT技術を利活用して，学年制をベースにした「時間割」の中にあっても，一人ひとりの子どもたちのこうした"こだわり"を取り込んでいけるかどうかということです。いくつかの先行事例を示し，その努力に学び，学校DXの時代にふさわしい"柔軟な"スケジューリングを考えたいのです。それは新しい「個に応じた学習」モデルを象徴するものになるでしょう。

1 ChatGPT に「時間割編成」について尋ねてみる

(1) 戦後の教育改革の中で，時間割は柔軟に編成されるようになってきた

　私はこれまで何度も日本の教師たちをアメリカの学校に案内したことがあります。いつも決まって，日本の教師たちは「時間割」を手に入れたがります。確かに，「時間割」を見れば，学校での教育活動が一目でわかります。しかし，ほとんどのアメリカの小学校では，教師が毎日，黒板の隅に，今日の学習活動を書き上げていて，日本のような時間割はないと言われるのです。

　アメリカでは，教育委員会が教科と授業時数を決めていますが，教師たちは自分のクラスの子どもたちの実態に応じて，毎日「今日の日課表」を決めているのです。また，特に高等学校では，生徒たちにも，およそ1日に1校時ほどですが，いわゆる「空き時間」があるのです。生徒たちはこの時間に，多目的スペースや学習センターで，アサインメント（宿題）をしたり，グループ学習をしたり，時に個人指導を受けたりしています。

　そもそも，アメリカの高校は総合制高校で，必修科目は英語，社会科，それに体育だけで，他の教科は選択科目です。生徒たちは自分の進路に応じて選択していくのです。今では，4年制の大学に進学する生徒が一番多いのですが，2年制のコミュニティ・カレッジに進む生徒も多いのです。その上，英語，数学，外国語は能力別学級編成になっていて，生徒は自分の能力によって分かれて学習して行きます。ここでも，日本の教師たちが欲しがる「時間割」はないのです。

　こうした柔軟な時間割編成を一般化させたのは，戦後，イギリスの小

学校で始まった「インフォーマル教育」と名付けられた実践と言っていいでしょう。この教育の存在は，1967年，イギリス文部省が公にした『プラウデン報告書』によって世界に知られるところとなりました。やがて，アメリカに導入され，アメリカでは「オープン教育」と呼ばれ，急速に広まりました。1973年，C.E. シルバーマン編著の『教室の危機：学校教育の全面的な再検討』（サイマル出版）という報告書が刊行されています。インフォーマルとは"フォーマルではない"という意味で，形式的でない，型にはまらないという意味で，他方，オープンとは"閉じられていない"という意味で，開かれた，開放的という意味です。

　このインフォーマル教育，オープン教育が戦後の学校教育改革をリードしてきたと言っても過言ではないでしょう。学校のカリキュラムを一人ひとりの子どもたちの進度，適性，興味・関心に応じて編成し，学習活動の流れに沿って柔軟に学習時間を作り出してきました。教室スペースとともにオープン・スペースは学習の場として子どもたちに開かれ，教師たちはティームを組んで指導に当たるという革新的な教育です。

(2)　日本では，年間授業時数の確保が優先され，学習活動への配慮がない

　和英辞典で時間割をひいてみると，School（Class）Timetable と出てきます。イギリスでは週時程（Schedule）と言うようです。日本では，この2つの言い方が共に使われると思いますが，一般的には，時間割という言い方が使われます。

　日本では，時間割は一度決めたら容易には変えられないしろものというイメージが伴います。その上，教師が教科等の年間授業時数を勘案して決めるものととらえられています。中・高等学校では，教務主任が決めることになっていると思います。全教科担任制（学級）を敷く小学校では，学級担任が年間授業時数を勘案して決めていきます。しかし，教

科担任制を敷く中・高等学校では，学年初めに，教務主任が各教師の授業時数に配慮して，あるいは，特別教室の使用に配慮して，決めていきます。その作業はしばしばかなり難しいものになりますが，教科の年間授業時数を確保という原則に従って，決められていきます。

　その結果，子どもたちの学習活動に対する配慮は無視されます。たとえば，体育の授業の直後に英語の授業が組み込まれたりします。体育と英語の授業の間は10分間にすぎません。さしずめ暑い日には，子どもたちは汗をふく暇もなく英語の授業を受けることになります。

　しっかり意識されているわけではないのですが，カタカナでスケジューリング（Scheduling）という言い方がされるときがあります。語尾にingですので，何か決まっている時程ではなく，みんなでそのつど，決めていくというイメージが伴います。スケジュールと言うと，教師だけでなく，子どもたちも参加して決めるというイメージでしょうか。

　モジュール（Module）という言葉は，測定単位から転じて，基本となる（建築材料・家具などの規格化された）組み立てユニットのことで，建築界で使われ始めた言葉のようです。学校では，45分，50分とか決められた標準授業時間を10分，15分，20分とか，短い単位時間に分割することにより，あるいは，90分とか，100分とか，長い単位時間にすることにより学習活動に柔軟性を持たせることが考えられてきています。

(3) 子どもたちが参加する「時間割」の編成について，ChatGPT に尋ねてみる

　ここはChatGPTの出番です。日本の学校の時間割は，上で見てきたように，各教科等の年間授業時数を確保するという原則から教師たちが決め，一律的かつ固定的です。それに対して，私たちが知りたいことは，そもそも，世界にはどんな「時間割」が存在するかということです。確か，尋ねた時点では，ChatGPTは2021年9月までの極めて膨大な情報

を収集し処理していて，私たちが欲しい情報を提供してくれると言われていました。ChatGPT の回答は "一般的である（偏っていない）" と言われることを自覚して，かつ，正確さに問題があるかもしれないと心得て，次のような 4 つの質問をしてみました。知りたいことは「子どもが参加する時間割」が存在するのかどうかということ，存在するとして，「子どもが参加する」とは具体的にどういうことなのか，ということです。

　まず第 1 に，「学校における柔軟な時間割編成ついて教えてください。同時に，事例を示してください。(Tell me about the flexible scheduling at school with some examples.)」と尋ねてみました。(尋ねた日付：2023 年 5 月 21 日)

　以下がその回答（要約）です。

「学校の柔軟なスケジュール設定は，生徒が授業のスケジュールや学習体験について，より多くの制御と柔軟性を持つことを意味します。個々の生徒のニーズ，好み，学習スタイルに合わせて対応し，個別の教育を促進することを目的としています。以下に柔軟なスケジュール設定の例をいくつか紹介します。

①　ブロックスケジューリング：この方法では，通常 90 分程度の長い授業時間を持ち，1 日あたりの授業数が少なくなります。これにより，より深い指導，拡大プロジェクト，教師による個別の注意を受けるための時間が増えます。

②　フレックスタイム：これは，生徒が何を取り組むかを自分で選択できる時間帯であり，宿題の完成，テストの勉強，またはプロジェクトに取り組むことができます。生徒は，教師との追加のヘルプや課外活動に参加するためにもフレックスタイムを利用することができます。

③　チョイスタイム：これはフレックスタイムに似ていますが，何を学びたいかに焦点が合わされています。チョイスタイムでは，生徒は，自分の興味や目標に合わせた様々な活動やプロジェクトから選択することができます。

④　ブレンドラーニング：これは，オンライン学習と伝統的な教室授業を組み合わせた教育方法です。生徒は自分のペースで学び，進捗状況に即座にフィードバックを受け取ることができます。教師はデータを使用して，指導を個別化し，的確なサポートを提供することができます。

　柔軟なスケジュール設定のアプローチは，教育機関によって異なる場合があります。上記の例は，学校がスケジュールを調整し，生徒により多くの選択肢，個別の学習体験，教育の旅におけるより大きな自律性を提供しようとする方法を示しています。」

　この回答から言えることは，4つの事例が示しているように，"柔軟な"時間割編成が存在するということです。

　次に，「柔軟な時間割編成」から一歩踏み込んで，ChatGPTに「学習者が参加する時間割というものは考えられますか」と尋ねてみました。（尋ねた日付：2023年5月22日）

　ここでは，あえて，英語で「学習者のための時間割（timetable for the learner）」という表現より踏み込んで，「学習者が"決める"時間割（timetable determined by the learner）」と，より積極的な表現で尋ねてみました。なぜなら，私たちは，学校DX化を目指し，IT技術を利活用して，「個に応じた学習」モデルの確立に迫りたいと考えるからです。

　以下がその答えです。

　「はい，学習者が自身の興味や学習スタイルに合わせて時間割や週の

スケジュールを決めることは十分に考えられます。このアプローチは，個別の学習者がより主体的に学習に取り組むことを促し，自己管理能力や時間管理のスキルを向上させるのに役立ちます。

　学習者が自分自身の時間割を作成する場合，以下の要素を考慮することが重要です。

　①目標：学習者は自分自身の学習目標を設定し，それに基づいて時間割を作成すること。②学習スタイル：学習者は自身の学習スタイルを理解し，それに合わせて時間割を調整すること。③インタレスト：学習者が興味を持っている科目や活動を優先すること。④バランス：学習者は適切なバランスを保つこと。⑤柔軟性：学習者は柔軟性を持った時間割を作成すること。」

　この回答から言えることは，「"学習者が決める"時間割」という言葉が①から⑤の理由に使われている，ということです。続いて，ChatGPTに，その事例を示してくれるように，やはり英語で尋ねてみました。その回答を日本語にすると，次の5事例になります。

①　プロジェクトベースの学習スケジュール：生徒は教師と協力して，プロジェクトベースの学習のためのスケジュールを作成します。プロジェクトの異なる側面に取り組む時間を自由に決めることができます。たとえば，調査を行ったり，アイデアを出したり，プレゼンテーションを作成したり，解決策を実装したりすることができます。ただし，期限は合意された範囲内で守られます。

②　個別の学習計画：生徒は個々の学習ニーズや好みに基づいて自分自身の学習計画を作成する機会があります。異なる科目やトピックに特定の時間枠を割り当てることができます。これにより，より練習が必要な分野に集中したり，高度な教材で自己挑戦したりするこ

とができます。

③　独立した研究時間：学習者は学校の週の中で独立した研究のための指定された時間を持ちます。興味のあるトピックを選び，情報を集めたり，実験を行ったり，結果をまとめたりするためのスケジュールを自分で立てることができます。これにより，好奇心を探求し，批判的思考能力を発展させることができます。

④　フレックスタイムまたはオープンタイム：学校は生徒にフレックスタイムやオープンタイムのブロックを提供する場合があります。生徒はこの時間を自由に活用することができます。個人のプロジェクトに取り組んだり，課外活動に参加したり，教師から追加のサポートを求めたり，グループの協力に取り組んだりすることができます。

⑤　個別の学習契約：一部の教育環境では，学習者は教師と協力して個別の学習契約を作成します。これらの契約は，生徒のニーズや興味に合わせた具体的な学習目標，タイムライン，戦略を示します。

最後に，念を押して，ChatGPT に"柔軟な時間割"と"子どもが決める時間割"の違いについて尋ねてみました。(尋ねた日付：2023 年 5 月 22 日)以下はその答えです。

「はい，いくつかの違いがあります。

①　柔軟性の度合い："柔軟な時間割"は，時間割においてある程度の柔軟性があります。つまり，予定の変更や調整が可能で，特定のルールや制約に厳密に縛られない場合を指します。一方，"子どもが決める時間割（週時程）"は，子どもが自分自身で時間割を決めることを意味します。この場合，子どもが自分の興味や優先事項に基づいて自由に時間を割り当てることができます。

②　決定の主体："柔軟な時間割（週時程）"は，一般的に教育機関

や教師が管理し，変更や調整を行います。教育機関や教師が学校や
クラス全体のスケジュールを最適化し，生徒のニーズに合わせて調
整します。一方，"子どもが決める時間割（週時程）"は，子ども自
身が主体となって時間割を作成・管理します。彼らは自分自身の目
標や興味に基づいて時間を配分し，自己管理のスキルを発展させる
ことが期待されます。

③　目的："柔軟な時間割（週時程）"は，学校や教育機関のスケジュー
ル管理を円滑化し，効果的な学習環境を提供することを目的として
います。一方，"子どもが決める時間割（週時程）"は，子どもの自
己責任と選択の機会を促進し，彼らの興味や能力の発展を支援する
ことを目的としています。」

　これら一連の4つの問いに対するChatGPTの回答から言えることは，
欧米にはいくつか参考になる柔軟な「時間割」が組まれているというこ
とです。しかし，具体的な例はさらに調べないといけないのですが，た
とえば，プロジェクトベースの学習スケジュールとか，オープン・タイ
ムなどは私たちもすでに実際に行ってきている「時間割」ではないかと
思います。

2　日本における"柔軟な"時間割編成の先行事例を整理する

(1)　子どもの6つの"態様"に対応した「ブロック制」時間割編成（緒川小学校）

1)　6態様プログラムを作る：「生活学校」から「学習学校」へ

私が東浦町立緒川小学校にかかわり始めたのは1978年です。2年目

を締めくくる1月に，研究推進委員会が開かれ，このとき，「態様」を
ベースの教育課程を展開していくことが提案されました。

　私は「態様」という言葉がどこから出てきたのか知りませんでした。
しかし，「こどもの学びの姿」という説明を聞いて，納得でした。先生
方も，オープン・スペースを活用して「一人ひとりに応じた」教育活動
を展開していくのにふさわしい概念と心得ていたのでしょう。すんなり
とこの言葉は受け入れられていきました。重要なことは，先生方は「態
様」という言葉の中で，子どもたちの本来あるべき学習の姿を描こうと
されていたことでした。説明を聞いていると，そこには，「子どもたち
の本来あるべき学びの姿」を実現する教育活動と方法を開発していくと
いう鋭い意気込みが感じられました。私の方が先生方の意気込みに押さ
れ気味だったのです。教科外指導（特別活動）の時間の活用を意識した
「集団活動」，「オープン・タイム」，「総合学習」についての先生方のイ
メージは鮮明でした。

　この"態様"という言葉と「教科外活動（特別活動）」に力点を置い
た研究推進員会の提案には，戦後の「生活学校」の影響が明確でした。
それからの2，3年間は，特別活動や学校裁量時間の活用を意識した
「生活学校」を目指す研究開発だったと言っていいでしょう。

　先生たちは，極めて積極的に，児童会や学級会を子どもたちの手にゆ
だねて，"ホワイト・ハウス"と名付けた自治活動を作り，卒業式や修
学旅行も子どもたちの意見を反映させ，各学年思い思いの飼育活動を行
い，従来の郷土科や自由研究を再生する形で総合学習を始め，その延長
上に「オープン・タイム」を設けていきました。それに応えて，子ども
たちは実に活発に活動していきました。

　私が参加し成し遂げようとしたことは，そこに「学習学校」のイメー
ジを加え，教育課程の全体的なバランスを作り出すことでした。

　まず，文字と計算についてのドリル学習である「はげみ学習」を開始

し，一斉学習を補足することを目指したマスタリー学習である「集団学習」を導入しました。次に「自己教育力（自ら学ぶ力）」の育成を直接目指した「週間プログラム」についての研究と開発を始めました。何より，前章で詳しく見たように，自学自習を促し，支える「学習の手引き（ガイド）」に導かれた「学習パッケージ」を作成しなければなりませんでした。数年を要しました。

2）"ブロック制"の時間割を作る

　私は 1972 年から 2 年間，ウィスコンシン大学 R&D センターの IGE『個別ガイド教育』プロジェクトの TA（研究助手）をしていて，オークレアー市のローカスト・レイン小学校で個別化教育にかかわっていました。

　この学校はティーム・ティーチングを行っていて，低学年ティーム（1 年から 3 年）と高学年ティーム（4 年から 6 年）に分かれていました。校舎も，校長室をはさんで，低学年棟と高学年棟に分かれていました。高学年棟は中央に図書スペースがあり，このスペースの周りに 4 年，5 年，6 年の 2 クラスが配置されていて，オープン・スペース・スクールの 1 つでした。

　興味あることに，授業時間は 2 校時を連続させた「ブロック制」を取っていました。午前中は 2 ブロックで，第 1 ブロックと第 2 ブロックの間は 30 分の"長休み"となっていました。午後は 2 校時連続の第 3 ブロックでした。おおざっぱに言って，午前中は英語（国語）と数学（算数）の授業で，午後の授業はその他の教科の授業でした。

　英語と数学は IGE『個別ガイド教育』プロジェクトのプログラムに従って，"無学年制"履修主義を貫いていました。すなわち，子どもたちは一人ひとり自分の達成度に応じて個別化されたワーク・ブックを用いて学習活動を行っていくのです。教師たちはそうした一人ひとりの子どもを個別に指導していくのです。個別指導に当たって，口頭での指導も

行いますが，子どもが自分の力で考えていくことを支援していくという
もので，同時に，当時使い出されたスライドやテープも盛んに使い始め
ていました。

　私はアメリカの小学校での経験から，緒川小学校に時間割（週時程）
2校時連続の「ブロック制」を勧めたいと思っていました。この2年目
の1月に開かれた研究推進委員会で，6つの"態様"を具体化した学習
プログラム，すなわち，「はげみ学習，集団学習，週間プログラム学習，
総合学習，オープン・タイム，集団活動」が提案されました。同時に，
2校時連続の「ブロック制」の導入も決まっていったのです。

　私は自分が2校時連続の「ブロック制」を推薦し，採用されたと長
くそう考えていました。しかし，実は，最近になって知ることになるの
ですが，稲生実男校長がリードした，同じ知多郡にある河和小学校の属
する河和町教育委員会は，1952年，『教育計画案』を公表していて，そ
の中で「3ブロック制」が提案されているのです。驚きです。

　この「3ブロック制」の最大のメリットは学校の教育課程を"大きく"
とらえ，理解するということです。すなわち，9教科をバラバラにとら
えるのではなく，教科間の関連性を意識して，とらえることができます。
今日の状況で言えば，学校の教育課程を「教科等横断的な学習」を意識
してとらえようとしたことです。意識されていたかどうかはわかりませ
んが，やがて，低学年に生活科が，中・高学年に「総合的な学習の時
間」が導入されたのですが，この「3ブロック制」はその導入を容易に
した条件だったと考えます。

　なお，副次的なことかもしれませんが，第1ブロックと第2ブロッ
クの間に，30分のまとまった「長休み（大放課）」が取れました。私が
勤めたアメリカのローカスト・レイン小学校では，教師たちはこの「長
休み」に教師ラウンジに集まり，コーヒーでも飲みながら，準備をした
り，話し合ったりしていました。子どもたちは，外に出て友だちと遊ん

だり，話したりしていました。昼食時よりはゆとりのある時間でもあるのです。従来の 45 分の授業，10 分の放課（休み）というあり方には"余裕"というものがありません。実にせせこましいあり方です。

　私は緒川小学校のある東浦町の隣の半田市の中学校に 1961 年から 2 年間勤めています。当時の担当授業時数は，教科の授業時数 24 に，学級指導と道徳（1961 年から導入）授業で，なんと，26 コマだったので

表 12　ブロック化された日課表（緒川小学校）

	月	火	水	木	金	土
8:30 / 8:45	朝会	はげみタイム				読書タイム
朝の会　8:55	朝の会・健康観察					
Ⅰ ブロック　10:30						
大放課　10:55	大放課					おがわっ子タイム
Ⅱ ブロック						
12:30						帰りの会 / 一斉下校
給食　13:15	給食					
放課　13:30	放課					
清掃　13:50 / 13:55	清掃					
Ⅲ ブロック	帰りの会 14:50	帰りの会 14:05 / 14:20 オープン・タイム 3〜6年		帰りの会 14:05 / 14:15 クラブ 15:00 / 15:10 自治的活動 おがわっ子議会		
帰りの会　15:30 / 15:40	帰りの会		帰りの会		帰りの会	

（愛知県東浦町立緒川小学校著『個性化教育：生きる力を育てる横断的・総合的学習』黎明書房，1998 年，p.22）

す。確か，毎日1時間の「空き時間」がありましたが，水曜日は第1校時から第6校時まですべて授業で，職員室に帰るのはお昼のときだけでした。さらに言えば，10分の放課では，トイレに行くことすらままならなかったのです。

表12の「ブロック制」を採用した緒川小学校の日課表を見てください。

まず，8：30～8：45は，月曜日は「朝会」，火曜日から金曜日は「はげみタイム」として，はげみ学習が行われることになっています。「はげみタイム」は，もともとオープン・スクールとして開校した初めの約10年間は，週時程の中に，1校時をとって，オープン・スペースを活用して，無学年制のはげみ学習として実践されたものです。次に，金曜日と土曜日の「大放課」の時間帯を拡大して「おがわっ子タイム」としていますが，これは子どもたちが行う「児童会」です。また，火曜日の午後にある「オープン・タイム」（14：20～）は子どもたちの自由研究活動です。さらに，木曜日の午後にある「自治的活動・おがわっ子議会」（15：10～）は児童による委員会活動です。

付け加えておきますと，"子どもたちの学びの姿"としての6つの"態様"という基本的なあり方に変更はないのですが，主に，学習指導要領の改訂の趣旨を受けて，その時々で少し変化してきているということです。特に「はげみ学習」と「オープン・タイム」のあり方は，そのねらいとするところは変わりませんが，その取り扱いは変化してきています。

3) 子どもが決める「学習プランニング（学習計画表)」

緒川小学校は，1998年の時点で，時間割について次のように言っています。すなわち，毎週末，次週のプランニングを行い，そこで次週の学習計画を決めていると言うのです。まず，教師から全員共通して行うべき学習活動が示され，そこに子どもたちは自分の学習課題を加えてい

くのです。

　「本校では，図工科や音楽科など特別教室を使用する一部の学習以外は，決まった時間割りがないのである。たとえば月曜日のⅠブロックがいつも算数科や国語科ではないので，一般的には時間割りが掲示してある教室の前面には，日課表がはってある。その代わりに，毎週末『プランニング』と呼ばれる次の週の時間割りが担任から伝えられる。個別の学習やグループ学習が多い本校では，子どもたち一人ひとりによって学習の課題が違っている。『学習プランニング』によって子どもたちは，それぞれ次の週の学習に見通しをもつことができるのである。また，子どもたちの『この内容をもっと学習したい』『次は，どうなるだろう』といった思いが，すぐに次の週の『プランニング』に生かされるのである。」（愛知県東浦町立緒川小学校著『個性化教育：生きる力を育てる横断的・総合的学習』黎明書房，1998年，pp.22-23）

　表13は1998年に緒川小学校の6年生のある子どもが作った「次週《10月13日（月）～10月18日（土）》の学習プランニング」です。表12の「日課表」に合わせて，このプランニングを見ていきますと，まず，この1週間の第Ⅰブロックから第Ⅲブロックですが，特に水曜日は一日中すべて「総合学習（国際センター訪問）」に費やされています。「総合学習の日」と言ってよいでしょう。

　この水曜日は関連して，前日（火曜日）の最後のブロックの半分がその準備に使われており，次の日（木曜日）の第Ⅱブロックと，一日置いて土曜日の第Ⅰブロックが総合学習（パスポート作り）のまとめとして計画されています。言い換えると，「来週のめあて」にあるように，この子の次週の学習計画は「総合学習」を行うことにあったのです。

　この子の属するクラスの子どもたちも，同じように，次週の学習計画の大きなねらいは国際理解教育にかかわる総合学習を行うことだったはずです。ただし，水曜日の総合学習が（分散研修）となっており，子ど

表13　6年生の次週の学習プランニング

		Ⅰブロック		業間	Ⅱブロック		昼放課	Ⅲブロック		準備など
10/13 月	学級会	国語 やまなし			算数 比例	社会テスト 江戸時代を残した人物		理科		
10/14 火	図工	図工 綿の県			音楽 リコーダーテスト もののけ姫	算数		家庭科 エプロン作り	総合 オープンタイム	O.Tなし
10/15 水	総合 行先 国際センター	分散研修				5階の会議室(鈴村さん)会	弁当もち	8:30緒川駅 1000円ぐらい(昼込で)		
10/16 木	社会	算数			総合 パスポート作り			クラブ ある	自治活動 ある	テラマスみこし作り始め
10/17 金	家庭科 エプロン作り最終		おがわっ子タイム ぱっぴ作り		体育 リレー・総合優勝決定			理科テスト 地層	音楽	陸上選手決定
10/18 土	総合 パスポート作り		おがわっ子タイム		国語 大看板作り 弁当持ち		来週のめあて			10/21陸上大会

（愛知県東浦町立緒川小学校著『個性化教育：生きる力を育てる横断的・総合的学習』黎明書房，1998年，p.23）

もたちの興味・関心によって研修に行く場が違っていたと考えられます。

　次に，特別活動に属する「学級会」が月曜日の第Ⅰブロックに，「クラブ」と「自治活動」が木曜日の第Ⅲブロックに，「おがわっ子タイム」が金曜日と土曜日の大放課の時間帯に取られています。なお，教科における自由進度学習としての「週間プログラム」は次週には計画されていないようです。

(2)　4教科同時自由進度学習に伴う時間割づくり（宮前小学校）

　東京都目黒区立宮前小学校は1985年，オープン・スペースを持った学校として改築されています。低学年，中学年，高学年はそれぞれ4つのクラスルームとオープン・スペース，メディアスペース（VTRやOHP等での学習コーナー）を組み合わせたユニットになっています。

さらに，敷地内には6mもの高低差があるため，1階部分はモール（通り抜けの道）が計画され，低学年，中学年，高学年の3つのユニットは，2階構造として計画されています。モールには，屋外部分と屋内部分があり，図書，児童会，教師などの各コーナー，屋根付きテラス，集会スペースなどのスペースがあるという構造です。

1)　「全校学習・活動プログラム」と「低・中・高学年学習プログラム」

　上に見たように，緒川小学校は6つの“態様”から，それぞれに学習プログラムを作り，オープン・スペースを活用して，多様な学習活動を展開してきています。

　それに対して，宮前小学校は表14に見るように，「全校学習・活動プログラム」と「低・中・高学年学習プログラム」の二層構造で授業改革に挑戦しています。前者が“のびっこ”と名付けられたドリル学習で，国語（漢字），算数（数と計算），音楽（けんばんハーモニカ・リコーダー），図工と体育の分野で，全学年が参加する無学年制自由進度学習を試みています。後者は低学年合同で「総合学習（生活科）」，中学年合同で「コーナー学習（教科の調べ学習）」，高学年合同で「週間プログラム学習（2教科・4教科同時調べ学習）」を行うという学習プログラムです。

　したがって，宮前小学校の学習プログラムの特色は，全学年に“のびっこ”というドリル学習を置き，その上で，2学年合同によるいくつかの教科での調べ学習を配置するというものです。

　特に，高学年では，複数教科同時進行の「週プロ」と呼ぶ，自学自習の調べ学習を実施しています。1つの教科の調べ学習（1教科自由進度学習）に比べて，当然，2つの教科の調べ学習（2教科自由進度学習）では，子どもたちの学習における自由度が2倍になります。それだけ，子どもたちの学習活動に対する主体性と責任が重くなります。

　全国的には，「2教科自由進度学習」が一般的ですが，宮前小学校は極めて挑戦的で，4つの教科まで広げた「4教科自由進度学習」を試み

表14　日時程・週時程（多様な教育に生かす）

（左注記）		月	火	水	木	金	土	（時刻）
・児童が運営する集会	朝の活動	児童朝会	自由遊び	音楽集会 音楽のびっこ	自由遊び	運動集会 体育のびっこ	土曜集会 図工のびっこ	8:25 〜 8:40
・全校一斉の"のびっこ"タイム	話し合い							8:50
・十分な学習時間（90分） ノーチャイム	1	図 3-2 / 音 2-2 / 理 6-1	国語のびっこ	図 2-1 / 理 6-2	算数のびっこ	図 3-2 / 理 5-1	図 2-2 / 理 5-2	9:05 〜 9:35
	2	図 3-2 / 音 3-1 / 理 6-1 / 体1年〈内2 外1〉		図 2-1 / 音 2-2 / 理 6-2 / 体1年〈内2 外2〉		図 3-1 / 音 3-2 / 理 5-1 / 体2年〈内2 外1〉	図 2-2 / 音 2-1 / 理 5-2 / 体1年〈内2 外1〉	10:10
	休							10:45
・児童の運営と主体的な活動を促す委員会活動，常時活動	3	図 6-2 / 音 6-1 / 理 4-1 / 合体 2年 / 調 5-1	図 4-2 / 音 4-1 / 理 2-1 / 合体 3年 / 調 6-1	図 2-1 / 音 5-1 / 理 3-1 / 合体 4年	図 4-1 / 音 4-2 / 理 3-2 / 合体 4年 / 調 6-2	図 4-2 / 音 6-1 / 理 4-2 / 合体 1年 / 調 5-2	図 5-2 / 音 5-2 / 理 2-2 / 合体 6年	11:30
・児童の個性や創造性をのばす(み)の活動	4	図 6-2 / 音 2-1 / 理 4-1 / 体3年〈内2 外1〉/ 調 5-1	図 4-2 / 音 5-2 / 理 2-1 / 体1年〈内1 外2〉/ 調 6-1	図 3-2 / 音 3-2 / 理 3-1 / 体6年〈内2 外1〉	図 4-1 / 音 3-1 / 理 3-2 / 体2年〈内2 外1〉/ 調 6-2	図 4-2 / 音 2-2 / 理 4-2 / 体3年〈内2 外1〉/ 調 5-2	図 5-1 / 音 4-2 / 理 2-2	11:35 〜 12:20
・児童の希望によって生まれるクラブ活動	5	クラブ活動	音 6-2 / 体5年〈内2 外1〉/ (み)1・2年	委員会 月1回（第4）	委員会 常時活動	音 6-1 / 体4年〈内1 外2〉(学級会1・2年)	音 5-1 / 体6年〈内1 外2〉	13:50 〜 14:35
・3〜6年一斉に使える学級会	6	(み)3〜6年				学級会 3〜6年		15:20

（宮前小学校研究紀要『自ら学ぶ児童の育成をめざして』1987年，p.9）

　ています。すなわち，子どもたちは同時に4教科について学習プランニングしながら学習していくのです。子どもたちは週時程（時間割）の半分以上で，主体性，自主性を発揮しなければならず，責任も大いに重くなります。

　これまた，当然ですが，教師の側の負担と責任も，教科が増えていけばその分増えていきます。通常，1つの教科の1つの単元の週プロのための「学習パッケージ」の開発にも，また，その学習を支える学習環境の設定にも，相当の時間とエネルギーが必要です。4つの教科の学習パッケージ作成とそれを支える学習環境の設定には，大変な時間とエネルギーが必要です。

2)　第 1，2 校時を"ブロック"化した高学年の「時間割」

　まず，5 年生で行われた 4 教科（算数・国語・理科・社会）同時進行の自由進度学習の様子について見てみます。

　表 15 を見てください。

①　「週プロ」のための時間は原則月曜日から金曜日までの第 1 "ブロック"（第 1，2 校時）です。10 月 27 日にこの自由進度学習が始まったようで，最初の「オリエンテーション」が組まれています。

②　この子は社会，算数，国語，理科の順にこの週プロ学習に入っています。例外的に，木曜日の第 5 校時も週プロに当てられていて，この週の週プロに当てられたのは 7 校時（315 分）です。

③　細かく見ますと，「オリエンテーション」の下に，「社，1，☆」とありますが，「社」は社会のこと，「1」は課題番号，「☆」は，評価欄で，中の☆印は「予定より早くできた」ことを示しています。中が〇なら「予定どおり」，△なら「予定よりおそくできた」，×なら「できなかった」ことを意味します。

④　例として，月曜日の第 1 校時は「算数＼国語」とありますが，5 年には 2 クラスあり，1 つのクラスは算数，もう 1 つのクラスは国語の授業が行われる予定ということです。したがって，第 3，4 校時の「国語（毛筆習字）」は 2 クラス合同授業ということになります。

⑤　月曜日の第 6 校時の「㊱の活動」は学級・学年行事の時間です。

⑥　この学校では，この「予定表」を前の週の金曜日に作成します。また，子どもたちはこの予定表を用いて学習活動の「振り返り」をしています。下段に「反省・記録」欄があり，同時に，「教師のチェック」もあります。

　次に，表 16 を見てください。6 年生で行われた 4 教科（算数・国語・理科・社会）同時進行の自由進度学習の様子を一人の子どもの「予定表」から読み取ってみます。基本的に 5 年生の子の場合と同じです。

表15　5年生児童の予定表

週間プログラム予定表　NO.3　5年□組

	10月27日 月			10月28日 火			10月29日 水			10月30日 木			10月31日 金			11月1日 土		
	教科	番号	チェック	教科	番号	チェック	教科	番号	チェック	教科	番号	チェック	教科	番号	チェック	教科	番号	チェック
1,2枚時	算数 国語 オリエンテーション 社1 ★			漢字のびっこ 算1 ★ 算2 ★			開校記念日			数と計算のびっこ 国1 ★ 理1 ○			算3 ★ 国2 ★ 理2 ★			音楽		
3,4枚時	国語（毛筆習字）			生活活動 音楽						体育 道徳 社会			家庭（袋づくり）			図工 図工 算数 算数		
5枚時	生活活動			展覧会準備						社2 ★						先生のチェック		
6枚時	みの活動　週のプロ配当時間 7枚分 315分															スタート！		

反省・記録

月日	
10/27	知っていることがあまりなかったのでこれからの学習がくらいと思った
10/28	平行四辺形の高さの長さをまちがえやすかった。
10/29	開校記念日
10/30	国語の1か時間かかった。理科の時間がもう少し多いといい
10/31	予定以上のシートもできた。
11/1	

チェックの記号
◎…完ぺき
○…できた
△…少しできた
×…できなかった

先生のチェック　終了！

（宮前小学校研究紀要『自ら学ぶ児童の育成をめざして』1987年，p.38）

表16　6年生児童の予定表

① 5年生の子の場合と同様に，「週プロ」のための時間は原則月曜日から金曜日までの第1"ブロック"（第1，2校時）です。この予定表は11月17日から1週間のものです。

② この子は社会，理科，算数，国語の順にこの週プロ学習に入っています。この週の週プロに当てられたのは6校時（270分）です。

③ 毎日の第2ブロック（第3，4校時）はそれぞれのクラスで別々の教科が学習されています。

④ 木曜日の第5校時の「生活活動」は「奉仕活動」の時間です。

（参考文献：佐久間茂和「目黒区の宮前小，台東区の根岸小，大正小，東泉小等の実践を語る」日本個性化教育学会東京事務局学習会『3人の実践者が自身の個性化教育の歩みを語る』2023年3月25日，上智大学教育学科研究室）

(3) 「モジュラー・スケジュール」で行われる学習活動（香川大学附属坂出中学校）

前章で見てきたように，附属坂出中学校はモジュール，モジュール学習あるいはモジュラー・スケジュールという言葉の日本への導入とその実践を行った最初の学校です。この中学校は1979年（昭和54年）文部省の研究開発の指定を受け，「モジュール学習」を目指す実践として研究を行いました。私の記憶では，当時，国立教育研究所の大野連太郎がその導入に深くかかわっていました。

私は附属坂出中学校の研究ティームと出会ったのは，はっきり記憶しているのですが，当時の丸野昭善研究主任を中心としたティームが，上で述べた東浦町立緒川小学校の第1回公開研究会（1981年）に参加してくれたときのことです。公開研究会の終了後，名古屋の栄町にある居酒屋で意気投合して話し合ったときでした。

1) 6月と11月に行われる「モジュラー・スケジュール」

　表 17 を見てください。附属坂出中学校の「モジュール学習」は共通学習と自由学習から構成されていて，共通学習は各教科の基礎的・基本的内容の完全習得を目指した学習で，自由学習は発展的な内容の学習を通して個性・能力の伸長を目指した学習です。年間 35 週のうち，各教科の指導を 33 週とし，残る 2 週分の指導内容に特別活動を加えて，計画しています。なお，前章 6 −(1)で示した表 9「モジュール学習（共通学習と自由学習）」(71 ページ) も見てください。

　通常の「共通学習」には「一斉と選択」，すなわち，「共通課題学習と課題選択学習」の 2 種類の学習が用意されていますが，6 月と 11 月にモジュラー・スケジュールの下で行われる「共通学習」は「自己充実」と呼ばれる発展的学習や補充的学習が用意されています。他方，5 月に始まる「合科型自由学習」は，夏休み期間中に行われる多くの学習活動も含んだ年間プロジェクト学習です。前期は「ガイダンス」に続いて，いくつかの「練習モジュール」活動を行います。この前期での活動を参考にして，自分が探究したい学習課題を決めて，夏休み期間中に後期の学習の準備をします。後期は個人課題を決め，調査，観察，実験，作業を行い，まとめを行います。事例として，前章 6 −(3)で示した表 11「『国語・英語』合科型自由学習『落語への招待―ガイダンス―』」(76

表 17　モジュラー・スケジュールと 50 分の学習時間を組み合わせた年間計画

4月	5	6	7	8	9	10	11	12	1	2	3
共通学習（一斉・選択）		自由学習・選択（自己充実）	共通学習（一斉・選択）	夏期休業		共通学習（一斉・選択）	自由学習・選択（自己充実）／共通学習（一斉・選択）	冬期休業	共通学習（一斉・選択）		

モジュラースケジュール（6月）　モジュラースケジュール（11月）

(加藤幸次編著『学校ぐるみでとりくむ個別化・個性化教育』黎明書房，1984 年，p.192-193 より作成)

〜77ページ）を見てください。

2) 一人ひとりのニーズに応じた柔軟な「モジュラー・スケジュール」

具体的には，表18を見てください。

① まず，月曜日と木曜日の朝に1モジュール当てられているPT（プランニング・タイム）です。これは学習計画を立てる時間です。

② 次に，毎日1回設けられているIS(インディペンデント・スタディ)

表18　モジュール化されたモジュラー・スケジュール（中学校3年）

モジュール	月	火	水	木	金	土
1　8:00	PT	数III	英III	PT	数III	英III
2	国II					
3				理III		
4　9:00	数III	国III	国II	（実験）	社I	技
5						・
6　10:00			IS			家
7	IS				IS	III
8						
9　11:00		英III	理III	国III		
10	社III					体III
11		英C-III	数II	IS	数	
12					（補充）	
13　12:00						
14			＜給　食＞			
15						
16　1:00	音III	社III	音	道徳	理II	
17			（選択）			
18　2:00						
19	体III		体III	クラブ		
20		IS				
21　3:00					クラブ	
22	HR					
23						
24						

タイムです。およそ，2モジュールです。生徒たちが自分のニーズに
応じて学習する時間です。

③　さらに，この場合，数学と国語について個人的配慮がなされていま
す。数学の授業のうち，金曜日の第4モジュールは数学の「補充学習」
に当てられています。数学Ⅲのほかに，水曜日の第5モジュールに「数
学Ⅱ」の時間が当てられています。国語Ⅲのほかに，月曜日の第1モ
ジュールと水曜日の第2モジュールに「国語Ⅱ」が設けられています。

(4)　子どもの夢・教職員の夢が育つ学校づくりが目指す時間割づくり（桜中学校／沢石中学校）

福島県三春町には「多目的スペース」を持った7つの小学校があり，
「教科教室型」の4つの中学校（現在2校）があり，1991年から「多
目的スペース」を持った小学校，「教科教室型」中学校が建築され，や
がて，こうした新しい施設設備を活用した学校教育の研究が始まってい
ます。

学校建築の研究者と建築家がティームを組んで，次々とオープン・ス
ペースを持った校舎を建築していくのを受けて，当時の武藤義男教育長
の要請で，私はオープン・スペースを活用した授業のあり方について先
生方と研究を始めました。特に郡山市に隣接したところに，岩江小学校
が新設され，以後，頻回に三春町の学校とかかわることになりました。
もちろん，桜中学校や沢石中学校にもかかわっています。

ここでは，桜中学校（生徒数166人，1996年）と沢石中学校（生徒
数66人，1999年）を取り上げます。これらの学校では，オープン・
スペースを持った学校として新築されたときから，子どもたち一人ひと
りの学習活動を保証したいとして，柔軟なモジュラー・スケジュールが
試みられました。その活動が1996年4月にNHKの教育番組『子ども
たちと共に創る総合学習』として全国に放送され，大きな関心を呼びま

した。

　時は，1990年からの約10年間で，「学校完全5日制」が試行された時期であり，同時に，1998年（平成10年）に改訂され，2002年に実施された学習指導要領の試行期間とみなされる時期でした。小学校は「生活科」の実践，中学校はきたるべき「総合的な学習の時間」の導入を視野に置いての実践研究が盛んなときでした。

1)　総合活動（体験学習，共通学習，課題研究）づくり

　桜中学校の教育課程づくりは，先に見た附属坂出中学校と同様，指導計画は通常35週間で構成されるのですが，これを33週間で構成し，捻出できた2週間に，道徳，特別（教科外）活動の2つの領域を加えて，「総合活動」を構成しようとするあり方です。したがって，「総合活動」は教科，道徳と特別活動の"関連"について検討した結果，考え出された創意工夫の産物です。「総合的な学習の時間」や「教科等横断的な教育課程」の先行研究と呼んでいい試みです。

　総合活動の第1である「体験学習」は"学びの場・自己表現の場"として，学校の外の場と結び付けられた学年行事で，年間10時間が当てられました。1999年，1年生は近郊への学習旅行や職場体験，町内での福祉体験，2年生は県外への学習旅行や職場体験，3年生は関西への修学旅行や高校への体験入学を行っています。

　第2である「共通学習」はガイダンスや健康学習，文化祭，入学式・卒業式などの学校行事で，全教科から拠出されたほぼ1.5週分の時間で，運営は子どもたちにゆだねられる活動です。

　第3である「課題研究」は各学年30時間（裁量時間・選択教科・関連する教科からの振替時数）で構成し，2002年に導入が計画されていた「総合的な学習の時間」の先行的な試みです。前期から2時間連続の学習活動として，11月にほぼ終了し，その成果は発表会・研究紀要・写真展としてまとめるとしています。1年生は「表現活動」で，パソコ

ンの活用を含んだ表現方法の基礎を学びます。2 年生は「郷土学習」で，
"三春学" です。3 年生は「発展学習」で，身近な問題から全地球的な
問題を個人テーマとして自分の生き方を学ぶ学習です。

（参考文献：武藤義男，井田勝興，長澤悟『やればできる学校革命』日本評
論社，1998 年）

2)　2 つのタイプに分けられたモジュール学習

　上で述べてきたように，「モジュール学習」，「モジュールブック」，
「モジュラー・スケジュール」という言葉は附属坂出中学校に始まりま
す。繰り返しますが，附属坂出中学校の「自由学習」は 6 月と 11 月の
授業で行われ，そこでは，15 分を 1 モジュールとしたモジュラー・ス
ケジュールが行われるというものでした。

　それに対して，桜中学校・沢石中学校でのモジュール学習は 2 つの
タイプに分けられます。1 つは 1 年間の教育活動のうち，2 つの月の教
育活動で行うモジュール学習と，もう 1 つは学年末の 2 月に 2 週間，6
教科が参加して行われるモジュール学習です。

　前者のモジュール学習の特色は「AM（アドバイザリー・モジュール）」
の中に「FM（フリー・モジュール）」を位置付けていることです。AM は
単位時間を 25 分として，オープン・スペースの活用も考慮した，子ども
たちの特性を生かす学習活動を組むことで，その中に組み込まれた FM
では，生徒は自由に学習したいことを選んで学習ができる時間帯です。

　後者のモジュール学習の特色は「PM（パーソナル・モジュール）」で，
まさに，"生徒が作る時間割" で，2 週間，生徒たちは自分で学習内容
も方法も決めて学習することができることにあります。

　モジュール学習はモジュラー・スケジュールで行われます。1 モジュ
ールは 25 分間とし，4 つのパターンからなるモジュール制を採用して
います。1 日は 1 と 2 ，3 と 4 ，昼食をはさんで，5 と 6 の 3 つのゾ
ーンに分け計画されています。2 は 10：30 に終わり，15 分のブレイク，

4は 12：35 に終わり，昼食，5が 13：55 に始まり，6は 15：45 に授業が終わるというスケジュールです。1，3 のパターンでは，1 日にそれぞれ 3 回，1 モジュール（25 分）と 3 モジュール（75 分）の授業があります。4 のパターンでは 4 モジュール（1 時間 50 分）の授業が 3 回あります。

    1 パターン：1 8:40-9:05　2 9:15-10:30　3 10:45-11:10
              4 11:20-12:35　5 13:55-14:20　6 14:30-15:45
              （1 3 5：1 モジュール，2 4 6：3 モジュール）

    2 パターン：1 8:40-9:30　2 9:40-10:30　3 10:45-11:35
              4 11:45-12:35　5 13:55-14:45　6 14:55-15:45
              （1 ～ 6：2 モジュール）

    3 パターン：1 8:40-9:55　2 10:05-10:30　3 10:45-12:00
              4 12:10-12:35　5 13:55-15:10　6 15:20-15:45
              （1 3 5：3 モジュール，2 4 6：1 モジュール）

    4 パターン：A ゾーン 8:40-10:30　B ゾーン 10:45-12:35
              C ゾーン 13:55-15:45

3）「時間割」の実際 1（FM：フリー・モジュール）

  まず，表 19（桜中学校：1 年単学級，2・3 年各 2 学級，1995 年）を見てください。11 月 4 日（月）から 11 月 9 日（土）の一週間の時間割（週時程）ですが，土曜日は休日で，第 6 校時（⑪⑫）に授業があるのは水曜日と木曜日です。なお，時間割（週時程）は毎週教師たちが話し合って決めていきます。

① 注目されるのは，1 年に 1 ヵ月ずつ 2 回行われる AM（アドバイザリー・モジュール）学習期間中に位置付けられている FM（フリー・モジュール）の存在です。FM と呼ばれる時間帯はほとんど 1 モジュールですが，自ら学ぶことができる特設フリー・タイム（空き時間）です。ちなみに，この週，1 年生と 2 年 2 組には組まれていません。2 年 1 組，

表 19　モジュラー・スケジュール 週報 11 月 32 週（桜中学校，1995 年）

```
週報 1995 11月32週 Modular Schedule    三春町立桜中学校
                                        週番：佐藤・櫻井
1 パターン：8⁴⁵ ─ 9⁰⁵ ▲ ─ 10³⁵・10⁴⁵ ─ 11¹⁰ 11²⁰ ─ 12³⁵・13⁵⁵ ─ 14²⁰ 14³⁰ ─ 15⁴⁵  ～⑩ 14⁴⁵    15⁵⁵  学
2 パターン：8⁰⁰ ─ 9⁰⁵ ▲ ─ 10³⁵・10⁴⁵ ─ 11³⁵ 11⁴⁵ ─ 12³⁵・13⁵⁵ ─ 14⁴⁵ 14⁵⁵ ─ 15⁴⁵  ～⑪ 15¹⁰ 清 15²⁰ 活
3 パターン：8⁰⁰ ─ 9⁰⁵ ▲ ─ 10³⁵・10⁴⁵ ─ 12⁰⁰ ▲ 12¹⁰ ─ 12³⁵・13⁵⁵ ─ 15¹⁰ ▲ 15²⁰ ─ 15⁴⁵ ～⑫ 掃
4 パターン：Aゾーン 10⁴⁰・10⁴⁵ Bゾーン 12³⁵・13⁵⁵ Cゾーン 15⁴⁵
                                       給 食  ●学活 ■道徳 ■選択
                                       12:35  ■総合学習 ◆全校体育
```

日曜	年組	①	②	③	④	休息	⑤	⑥	⑦	⑧	給食休憩	⑨	⑩	⑪	⑫	行事・会議等
4/月	1	国		英				社				数 /国				8¹⁰ 学活 センター研修～6＝森藤
	2-1	★FM		社			英	★FM	音	T		数				14⁵⁰ 集会　15³⁰ ◆教務・現職打合せ（＋岩江中）
	2-2	英		社				国				音	T'			
	3-1		技				美		数				社			
	3-2		家					数		英			社			
5/火	1	音		美			英		国 /社			数 /国				町研 10⁰⁰/岩江中・桜中＝佐藤・志村
	2-1	美		英				国				数				13³⁵
	2-2		美				数		英			音	T'	町研 研究授業		中体連事務局体 13⁴⁰/郡山七中＝宗形
	3-1		数					体				美	★FM			福大・森田氏 10³⁰，9名
	3-2	英		音	★FM							英				
6/水	1		習				国		音				社			応急処置研修会～7/ノラックス＝宗形
	2-1	音	T	英				社				国		英		
	2-2	英		数				社				美		国		学経懇 13³⁰/町公
	3-1		国				音	★FM	英				技＝教頭			
	3-2						英		数*				家			芦沢小 PM 1名
7/木	1	英		国 /社				理				数/社		社		事務研 9/船載改
	2-1	選択■		社					音	T			英			町教頭会 14/沢石中
	2-2	体＝佐藤		社					英			数		技＝長谷川		▼学年会③④：1年
	3-1		理		発表会		国		社	T		音		数*		郡山市内PTA 10⁰⁰，9名＝教頭
	3-2		理		発表会		美		ディベイト			国		理		◎PM計画集約
8/金	1	社					英	T	技			国				・打合せ　AET
	2-1		理	T			技		英	T		体				▼学年会⑨⑩：2年
	2-2		理	T			数									
	3-1		選択				理		音	★FM		英	T			《現職教育》15³⁰＝PM実施計画
	3-2		選択■				音	★FM	理							◎教科評定完了
9/土	1															──時数集約──
	2-1		週 休				週時数									
	2-2		週 休													
	3-1						▲									《累計時数 ½24週》
	3-2															

```
諸 準 備 ・ 予 定                    次 週 の 行 事 予 定
◎PM 1.16（火）～26（金）            11日（月）集会
 時数定数 1年：48÷28  いずれも       12日（火）          ・6 3時間
        2年：46÷27  1.7H×ⁿ/ₚ      13日（水）集会＝PMガイダンス      2時間
        3年：45÷26  の150%まで設定可  14日（木）
                                    15日（金）[教育課程]
   次週の職員週番：森藤・坂田越       16日（土）◆全校体育②
```

（長谷川道雄『学校 5 日制・教育課程─「学びの場」を創造する教育課程づくり』
第 46 次教育研究全国集会報告書，1996 年，p.45）

3年1組，3年2組には2ないし3モジュールが組まれています。

② 「T」はティーム・ティーチングが行われることで，音楽（5回），英語（3回），理科（1回），社会（1回）の授業でティーム・ティーチングが行われることになっています。

③ 選択学習は，2年生に対して木曜日午前に2モジュール，3年生に対して金曜日の午前4モジュール行われることになっています。なお，1年生には，数／国，数／社，国／社の2教科選択学習が9モジュール計画されているのです。2，3年生にはこの学習はありません。

次に，表20（沢石中学校：各学年単学級，1999年）を見てください。このあり方は，上の桜中学校のモジュール学習をより小規模な沢石中学校に適応したものと言っていいでしょう。11月15日（月）から20日（土）の一週間の週時程ですが，土曜日は授業日で，第6校時（⑪⑫）に授業があるのは火曜日と水曜日です。月曜日は教師の現職教育があり，子どもたちは下校することになっています。

① 「子どもたちが作る」という視点から見ると，ここでも，AM期間中でのFM（フリー・モジュール）が注目されます。FMと呼ばれる時間はほとんど1モジュールですが，この週，1年生は3モジュール，2年生は6モジュール，3年生は5モジュールが組まれています。2・3年生の生徒には，かなりの「自由に学習することができる」時間が与えられています。

② 2・3年生には課題研究が火曜日に4モジュール行われることになっています。

③ 特に，1年生の音楽，2年生の数学，理科，体育は10:20〜10:35の休憩をまたいで授業が行われることになっています。

4）「時間割」の実際2（PM：パーソナル・モジュール）

PMは，「生徒が作る時間割」として，学年末（2月の2〜3週間）

表 20　モジュラー・スケジュール 週報：AM 編 11 月 29 週
　　　（沢石中学校，1999 年）

（長谷川道雄『現場からの教育改革を—学びの場を創造する：ゆとりと充実の教育課程づくり』第 49 次教育研究全国集会報告書，2000 年，p.13）

に特別に設定されるモジュラー・スケジュールです。生徒たちは6教科について，学年の枠を超えて，自主的に学習計画を立て学習する時間です。たとえば，数学を選んだ子は1年生から3年生まで「数学スペース」に集まって，自分の進度に応じて自主的に学習するのです。もちろん，教師からも友人からも支援を受けることができます。

　表21は1999年2月15日（月）から20日（土）に行われた「PM学習」の週時程です。

①　教科外領域である道徳は全学年月曜日第Ⅰモジュールで，学校行事（ミニコンサート）は全学年月曜日第Ⅵモジュールで，学級活動は全学年，土曜日第Ⅰモジュールで行われています。（土曜日第Ⅱ，Ⅲモジュールで行われる「全校読書」は国語科の学習として数えられています。）

②　この週の教科学習の時数は26モジュールで，そのうち，1年生は14モジュール，2年生は18モジュール，3年生は19モジュールがPMです。残されたモジュール（1年生12モジュール，2年生8モジュール，3年生7モジュール）は通常の教科学習です。

③　たとえば，1年生の月曜日の第Ⅲモジュールには10（モジュール番号）と「Ａ　Ｋ」の大文字アルファベットが書かれていますが，「ＡＫ」はこのモジュールの間，生徒の学習活動を支援する教師のイニシャルです。Ａは赤井先生，Ｋは熊田先生というわけです。当然，生徒たちは先生方の専門教科を知っていますので，この時間帯では，いつでも，この2人の先生の指導を受けることができるというわけです。PM（パーソナル・モジュール）と名付けられたのは，こうした個に応じた指導が受けられるという意味から来ています。なお，2年生の月曜日の第Ⅲモジュールには「ＡＴＨＫ」とありますが，この時間帯には4人の教師が個別指導に当たるというわけです。

④　したがって，1年生の月曜日の第Ⅱモジュールには「9」とありま

表21　モジュラー・スケジュール 週報：PM編 2月40週
（沢石中学校，1999年）

週報　1999　2月 40週　週番：木幡　三春町立沢石中学校

PM/Personal Modular Schedule──2.23

| 時程 | A | 8³⁰ | 9³⁰ | 10³⁵ | 11³⁵ | 13³⁵ | 14³⁵ | 50分 | 給食 12²⁵ | 最終時限終了5分後 |
| | B | 8³⁰ | 9²⁵ | 10²⁵ | 11²⁰ | 13¹⁵ | 14¹⁰ | 45分 | 12⁰⁵ | 清掃15分＋学活15分 |

日/曜日	学年	I	II	III	IV	V	VI	行事・会議 等
15/月	1	道徳	9	10 A K	11 A K	12 M S		保健週間～20　　Ⅱ：企画委 8¹⁰ 集会＝ Ⅲ：園支援委
	2		音	12 ATHK	13 ATK	14 K		→ミニコンサート 橋本素子ソプラノ独唱会　部休
	3		13 K	14 ATHK	体	15 M S		◎教科外計画集約＝◎園係活動 16¹⁰
16/火	1	13 HK	社	14 A KS	音	15 A S	16	学校保健委役会 15/船公　＜検診＞班目 Ⅲ：活動委・週番・生徒会行事計画
	2	15 HKS	16 H K	17 AT	18 AT	19 A S	20	新入生説明会/技美室 13³⁵ 体験授業＝数学・音楽
	3	16 H	17 H S	18 ATK	19 ATKS	20 A S	21	14³⁵ 説明会＝校長・教頭 15²⁵ 自由見学　◎3年評定完了
17/水	1	17 M S	英T	美		体	18	AET来校　　　Ⅲ：園支援委 県保健主事部会理事会
	2	21 M	22 A M	英T	体	23 TM	24 T	13³⁰/ラフィーネ＝熊田　部休 県立出願＝赤井・作田 PM
	3	英T	22 A M	23 T	音	24 TM	25 T	☆園係活動 16¹⁰
18/木	1	技		19 A S A	20	社		3年家庭科・児童館訪問(3)　Ⅴ：研修委
	2	25 MK	26 S	技		27		町研＝教頭・赤井
	3	26 MKS		家				
19/金	1	21 HMKS	社	22 S	体	音		・打合せ　　　　Ⅲ：園支援委
	2	28 HMS	29 AHK	数	国	社		教頭会中央研修会～20/国立教育会館 15¹⁵ [教育課程]11総合活動計画調整
	3	28 HMK	29 AHK	30 S	31 H	体		《校内研修》
20/土		学活	全校読書 (2)		☆週番引継ぎ ☆部活動分散会			11¹⁰ 熊本県高森高校・鶴本 8・ 11³⁰ 郡P懇談会 14 《累積週数＝33週》

PM～2.23(火)　予定時数（時数集約は期間中一括）

書	国	社	数	理	英	保	体	音	美	技	学	選	□	計	当週PM	PM時数累計	
10	⁰⑦⁴9	¹②¹	¹②¹	¹⑥³	⁵⑤⁰	3	4	4	6	2	4	・	0	65	14/22	国 /	英 /
2・	⁰⑥⁵	¹⑥³	²④¹	⁰③¹	¹⑥³	⁰⑤⁰	2	1	2	5	2	4	0	65	18/30	社 /	理 /
3・	¹⑥⁴	⁰⑥³	¹④²	⁰⑥³	¹⑤⁰	3	1	0	8	2	4	0	0	65	19/32	数 /	保 /

◎ᵃᵇ⁰ᵃ：ᵃᵇ⁰ PM事前・事後時数　⑬PM時数（国・事後時数には 2.20(土)全校読書(2)を含む）
◎PM対応略記：A赤井，T先崎，H長谷川，M班目，K熊田，S作田，P全員可
◎教科計画集約‥‥‥22(月)

（長谷川道雄『現場からの教育改革を─学びの場を創造する：ゆとりと充実の教育課程づくり』第49次教育研究全国集会報告書，2000年，p.14）

すが，この時間帯は生徒の自学自習の時間となります。

（参考文献：長谷川道雄「学級をどう開くか―子どもに広く手を差し伸べる指導」『総合教育技術』1996 年 9 月，pp.30-34。長谷川道雄「学校を変える―ある小規模統合中学校での実践」『生活教育』1997 年，No.49-9，pp.16-23。長谷川道雄「『総合活動』にとりくんで～まず，ゆとりと充実の教育課程づくり～」季刊『教育法』No.120，1999 年夏号，pp.46-50。長谷川道雄「夢を語る―教育改革を」『世界』2001 年 4 月，pp.133-137）

3 DX'Z チャレンジ（方略 2）

> 方略 2：子どもが深い学習活動により主体的，創造的にかかわることが期待できる "柔軟な"「時間割」を編成する

(1) コンピュータを CMI 活用して，個別学習を支える

　私の記憶では，1970 年代のコンピュータが学校教育の世界に入り始めたころ，コンピュータの活用をめぐって，CAI（Computer Assisted Instruction/Computer Aided Instruction）というあり方と CMI（Computer Managed Instruction）というあり方が区分されて，説明されていたと思います。

　前者は今日の「オンライン授業」や「e-ラーニング」に発展してきているあり方です。それに対して，後者は「学習管理運営システム」と名付けられるあり方で，校務や教務に関する事務処理に活用することでした。

　しかし，今日では，CMI は CAI と協働的に機能していて，『日本大百科全書』（小学館）の解説によれば，「『学習者自身の興味・関心・意欲』に応じた学習ができるようなデータの収集・蓄積・加工及び検索・活用

を図るという考え方に立脚して設計されたシステム」を形成していると言われています。

　私たちは「個に応じた指導」という理念のもとで実践を進めてきています。すなわち，一人ひとりの子どもは多様な学習活動に従事しています。具体的には，第2章で見てきたように，無学年制プログラムとして構成された「はげみ学習」では，子どもたちはマイペースで学習していきます。また，「『個に応じた指導』のための10の指導学習プログラム」で言えば，第4（一人学習），第5（二人学習），第6（小グループ学習）プログラムにおいては，子どもたちは，単元レベルですが，自分あるいは自分たちのペースで，学習していきます。

　このあり方は第7（発展課題学習）でも，第8（課題選択学習）でも同じです。第9（自由課題学習）と第10（自由研究学習）は学期レベルあるいは学年レベルですが，より長いスパンでの「自由進度学習」です。もちろん，特別活動の領域では学級，学年，学校という単位でまとまって行動しますが，学習活動の領域では，一人ひとりバラバラで学習していきます。

　コンピュータをCMIとして活用して，すなわち，IT 技術を利活用して，一人ひとりの子どものバラバラで多様な学習活動を組織化し，掌握することができるはずです。教師は一人ひとりの子どもがどのような学習活動に従事しているのかを知ることができ，子どもは一人ひとり自分の「学習計画表」を持っているという状況を作りたいのです。

　学校DX の第2ステップはIT 技術を利活用して，子ども一人ひとりの「時間割（スケジュール）」を組織化し，掌握するレベルを超えて，一人ひとりの子どもの学習状況を取り込んでいくことになるはずです。

　具体的には，習熟の程度，学習上の困難さ，興味・関心の拡大などの情報を取り込んで，教師は個別支援に生かし，子どもは自分の学習活動の状況を知る機会になるはずです。このことは「個に応じた指導」から

「個に応じた学習」モデルへ移行する要件となると考えます。

(2)　子どもは一人ひとり自分の次週の「学習計画表」を立案する

　どの教室にも，黒板の隣に「時間割」が貼ってあります。授業時間は小学校は45分，中・高等学校は50分です。実技や実習を伴う教科は2校時連続で計画されています。特別活動は午後に割り当てられていることが一般的です。しかも，めったなことで時間割は変えられることなく，1年間続くのです。教科は縦割りで，各教科の年間授業時数が決まっていて，一度決めれば，変えることはむしろ不要ということです。それを変えることはほとんどないと言っていいでしょう。

　それに対して，私たちは“一人ひとり子どもが学習活動に必要としている時間は違う”，あるいは，“その子が必要としている学習時間を獲得してやれば，学習は成立する”と考え，“一斉に”進行していく授業に挑戦してきています。ポイントは「学習時間」という個人差に挑戦して，ブロック制やモジュラー・スケジュールを導入して，より柔軟な「時間割」を組もうとしてきたことです。「学習時間」という個人差は「手段」であるだけでなく，育てるべき「目的」ととらえ，子どもたちが主体的に学習時間をコントロールできるように，マイペース学習（一人学習）を可能な限り多く組んできました。（詳しくは第5章参照）

　繰り返しますが，時間割は単に教科とその年間授業時数を消化するためのものだけでなく，子どもたちの学習時間に対する主体性，自主性，責任感を育てる場ととらえ直すべきです。具体的には，子どもたちが次週の学習活動を計画する場所と位置付けることです。

DX 化を通して,「学習の個性化」領域での自己評価活動を充実させる

プロローグ　大学院に入学したころ，確か，重松鷹泰先生からだったと思うのですが「教育は評価に始まって評価に終わる」という言葉を聞いたと記憶しています。この言葉は私によほど強く響いたのでしょう。以来，常に心の片隅に抱え込んだままで，今日まで来ています。

　私は1961年（昭和36年）から2年間，地元の中学校で教師をしています。いわゆる「教育3法」が学校現場に影響を及ぼし始めた時期です。1962年は「道徳」の授業が開始され，相対評価が厳密な比率で行われ始めた年でした。どのクラスにも，オール1に近い評価の子どもが生じてしまい，私のクラスにも，そんな子が2名いました。私がその子たちに「1」をつければ，2人ともオール1というわけです。せめて，私の科目だけは「2」にしたいと考え，教務主任に相談し，教頭にまで話しましたが，許可が得られませんでした。

　私はこの年の末に退職し，大学院に逃げ込みました。以来，私は評価の問題を避けてきたのです。その間に，実はひそかに，『指導と評価の一体化』というスローガンのもと，評価活動は"教師が自分の指導を振り返る"機会ととらえられるようになり，私の評価に対する悩みを多少なりとも和らげてくれた，と感じてきていました。やがて，2002年度には，「絶対評価」が導入され，私も『絶対評価』（ヴィヴル，2002年）と題して本を書き，表向き安堵した思いがあります。

　学校DX化の試みの大きなねらいの1つは，「評価活動」を子どもたち自身の"個性的な"学習活動に連動したものにできないか，ということです。現状の「観点別評価」は評定（成績）を付けることにきゅうきゅうしてしまっていて，教師が自分の指導をフィードバックする機会にすらなっていないと思います。すなわち，期待されたように「指導と評価」が"一体化"されてとらえられていないのです。私のねらいは評価を子どもの学習活動と往還する「"学習"と評価の一体化」に変革することにあります。

1 「自己教育力の育成」を目指す評価活動を開発してきた

(1) "手段"から"目的"へ

　第2章で述べたように，教師が握ってきた授業の「主導権（ヘゲモニー）」を学習者である子どもたちに，しかも，一人ひとりの子どもたちに徐々に譲り渡そうとして，図1（25ページ）に見たように，「指導の個別化」領域と「学習の個性化」領域を作り出しました。他方で，伝統的な一斉授業の持つ（フレームワーク）から，対応すべき「個人差」という概念を取り出し，進んで一斉授業に取って代わるべき10の「指導学習プログラム（個別指導システム）」（表1，34ページ）を示すことに成功しました。

　しかし，実は「個人差」をめぐって問題を抱えたまま，「個に応じた指導」のための10の「指導学習プログラム」を作り出してきました。その問題の1つは伝統的な一斉画一授業から取り出された個人差と，「個に応じた指導」のための指導学習プログラムづくりで使った個人差との間に当然違いがあるのですが，詳しく吟味せずに，5つの個人差，すなわち，達成度，学習時間，学習適性，興味・関心および生活経験を使ってきていることです。

　「指導の個別化」と「個人差」を次のように結び付けています。すなわち，「指導の個別化」（A・B領域）での授業では，「到達度（学力），学習時間（ペース），学習適性（スタイル）」という個人差を，目標に対する"手段"とした指導学習プログラムを立案し，実践していくものと位置付けているのです。言い換えると，子どもたち一人ひとりには単元目標を達成していくことが期待され，個人差は目標達成のために考慮さ

れるべき“手段”という位置に置いてきたのです。他方，「学習の個性化」（C・D 領域）では，「興味・関心，生活経験」という個人差は育てられるべき“目的”という位置に置いてきたのです。

　しかし，実は最初から，個人差という概念は，このようにすっきりしたものではなかったのです。私たちの研究と実践は，初期には，「指導の個別化」に力点を置いてきました。やがて，1990 年頃からは，「学習の個性化」に力点を置くようになっていきました。初期には，学力差や能力差への対応に関心を寄せ，やがて，個性化を図ることに移ってきたのです。

　それでも，はっきり言えることは，私たちは，1971 年の中央教育審議会の『46 答申』，やがて，1987 年の臨時教育審議会の最終答申を受けて，学校の教育目標として“個性伸長”の教育を掲げるようになり，今日に至っているのです。

　先に結論から言えば，まず，個人差「学習時間（マイペース）」を目標に対する“手段”の位置に置くだけではなく，育てるべき“目的”として取り扱うべきであると気付いていったのです。少し詳しく見てみます。

　1971 年 6 月 11 日に公にされた“第 3 の教育改革”を目指した『46 答申』は戦後教育の転換を示したものと言われます。個性化教育の出発点もここにあります。『46 答申』は次のように言います。

　「初等・中等教育は，人間の一生を通じての成長と発達の基礎づくりとして，国民の教育として不可欠なものを共通に修得させるとともに，豊かな個性を伸ばすことを重視しなければならない。」「学校教育は，そのすべての段階を通じて一貫した教育課程をもち，国民として必要な共通の基本的な資質を養うとともに，創造的な個性の伸長をめざすものでなければならない。」

　やがて，1987 年 8 月 7 日の臨時教育審議会の最終答申は「生涯学習

社会への移行」,「変化への対応」とともに「個性尊重の原則」を打ち出し，個性化教育は推進されていくことになりました。

⑵ 「学習時間」という個人差を目的化し，「ノーチャイム制」を敷く

　伝統的な一斉授業の基本的な枠組み（フレームワーク）から取り出された「個人差」という要素を「指導の個別化」と「学習の個性化」に二分化したのですが，初期には，私たちの関心はもっぱら前者にあり，後者すなわち「学習の個性化」にはなかったのです。やがて，"個性化"への関心が高まる中で，私たちは「学習時間」,「興味・関心」と「生活経験」という3つの個人差は育てるべき"目的"としてとらえるべきであることに気付いていったのです。

　私たちは，第3章で見てきたごとく，自己教育力（自ら学ぶ力）の育成を目指して自学自習を促す「学習材」を盛んに開発し，子どもたちが自分たちのペースで学習することがきる「一人学習」を進めてきました。この「一人学習」は学校によってさまざまな名称で呼ばれてきています。「個人学習，マイペース学習，自由進度学習，週プロ（週間プログラム），2教科同時進行学習」などと呼ばれ，多くの学校で実践してきました。

　「学習時間」は育てるべき"目的"そのものであると気付かされる事件が起きました。

　あるとき，緒川小学校の「週プロ」でこんなことが起こりました。第3校時と第4校時をつなげた第2ブロックで理科実験をしていた子どもたちの一部が"給食は後回しにして，適当に食べるので，実験をしばらく続けたい"と申し立ててきたのです。同じように，第3ブロックの後の放課後にも続けて実験をしたいと申し出がなされたのです。学習の流れから言って，この申し出は理にかなったものでした。このことがき

っかけになって，ノー・チャイム制が採用され，さらに，子どもたちの学習計画表（スケジュール）への関心が高まったのです。

　この事件をきっかけに，私たちは子どもたちの中に“時間を自分なりにコントロールし，有効に活用したい”という強い要求があることに気付いたのです。同時に，時間を有効に活用する能力は自己教育力の重要な要素であり，「時間有効活用力」とも名付けられる能力を育成することの重要性を認識していったのです。もちろん，このことは放課後や家庭生活，さらに，夏休みなど長期休業期間の学習時間にも及んでいくものです。

　やがて，学習活動が校時ごとに分割され，テストも 45 分とか，50 分といった単位時間内で行われる学校生活は大きな問題をはらんでいることが，自覚され始めました。几帳面でゆっくり行動する子どもは“学習に遅れがちな子”として隅にはねのけられてきたのではないか，と反省されるようになってきたのです。

(3) 「興味・関心」と「生活経験」という個人差も目的化し，個人的関心事を取り上げる

　もちろん，「興味・関心」と「生活経験」という個人差も「指導の個別化」領域の中では，目的に対する“手段”として考えられてきました。実のところ，「興味・関心」と「生活経験」という個人差に関心が寄せられるようになるのは，生活科と総合的な学習の時間の導入の後のことです。一般的には，教科に関する好き嫌いという適性として理解されてきたものです。“あの子は理科が苦手とか，得意とか”，あるいは，“あの子は音楽が嫌いとか，好きとか”といった形で，参考程度に取り扱われてきています。

　授業での学習課題は，得意不得意，好き嫌いに関係なく，全員，興味・関心を持っているべきものと考えられてきていると言ってもいいで

しょう。また，学習活動の結果，得意不得意，好き嫌いができることは望ましいことではないと考えられているのです。そもそも，「学習の個性化」領域への関心は低くとどまってきたのです。

　しかし，繰り返しますが，1987年，臨時教育審議会の最終答申が「個性重視の原則，生涯学習体系への移行，変化への対応」という指針を打ち出すと，「興味・関心」と「生活経験」という個人差を，育てるべきものとすることへの関心が高まり始めました。

2　自己学習力の核心は「メタ認知力（メタ認知的思考力）」にある

(1)　最初から一人，ペア，小グループに分かれて学習する

　ここでは専ら「学習の個性化」領域にふさわしい3つの評価活動について，そのねらいとあり方について，考察していきます。もっとはっきり言うと，「指導の個別化」領域にかかわる観点別評価のあり方について，ここでは取り上げることはしません。今日の専らの関心は，授業に先立って立てた単元目標が途中で達成されているかどうかをチェックする「形成的評価」，あるいは，最後に目標が達成されたかどうかをはっきりさせる「総括的評価」をめぐって，教師が行う「他者評価」にあるのです。前者はフィードバックの機会になることが期待されているのですが，現在のフィードバックはひどく一方的なのです。確かに，一連の学習活動が終了したと思われる時点で，どの程度単元目標が達成できているのか，チェックをし，修正していくことは意味あることです。しかし，修正できないほど達成度が低かった場合，そもそも単元目標そのものが不適切であったと言え，フィードバックをかけるという問題ではなくなるのです。すなわち，学習活動そのものを見直し，作り替えなけ

ればならなくなるはずです。

　第 2 章で表 1（34 ページ）としてまとめたように，一斉授業にとって代わる「『個に応じた指導』のための 10 の指導学習プログラム（個別指導システム）」を作り出しました。

　そのうち，第 4，5，6 のプログラムは一人で自力解決を目指すか，友だちとペアを組んで共同学習を行うか，数人の友だちと協働して学ぶか，学習形態に対応したプログラムです。それらに続く，第 7，8，9，10 のプログラムも，一人で，ペアで，あるいは，小グループで取り組むことができる学習活動です。

　他の人に頼らず，自分一人でとことん頑張って学習するのも意義あることです。他方，ペアを組んで，あるいは，少人数のグループで，特に気の合った友だちと一緒に，知恵を出し合って学習するとき，学習活動は楽しく，かつ，より深い探究が可能になるはずです。

　今日，個別最適な学びと協働的な学びを一体的に充実し，"主体的・対話的な深い学び"を達成することの重要さが強調されながら，一般的には，学級集団として，共通する唯一の学習課題を"話し合い活動"を通して，解決していく"集団"学習活動です。そこには，一人で，ペアを組んで，あるいは小グループで，学習していくという"個に応じた"学習の姿がありません。そこにあるのは，従来どおりの一斉授業です。

　私たちは，意識的にあえて，一人学習，二人学習と小グループ学習に分けて考えてきました。すなわち，"主体的・対話的な深い学び"は一人ひとりの子どもの「一人学習」でも生じると考えるからです。いや，むしろ，一人で集中して，とことん追究する活動の中でこそ"深い学び"が成立すると考えるからです。

　自学自習を促す「学習材」を手に学習する子どもたちを観察していると，決して初めから終わりまで単独で，孤立して学習しているわけではなく，常に，周りにいる友だちや大人たちとやり取りをしながら学習し

ているのです。別な言い方をすると、常に、周りの人と対話しながら自立的に学習しているのです。このあり方を"自然な協働的学習"と名付けておきたいのです。

(2) 認知行為を2層にとらえて，「メタ認知」を意識する

私たちの学校の多くはオープン・スペースを持った学校です。教室空間に加えて、ワーク・スペースとか、多目的スペースと言われるスペースを持っています。一人学習であれ、二人学習や小グループ学習であれ、子どもたちは「学習の手引き（ガイド）」を手にあちらこちらに散って学習活動を展開します。子どもたちがどのように学習しているか、掌握する必要が生じ、初期には、子どもたちの学習行動についての観察調査を行い、研究したことがあります。

縦軸に「一人学習（小項目9）」、「教師の支援（小項目3）」、「子ども同士の学習（小項目3）」、「非学習活動（小項目3）」と「否学習活動（小項目5）」を取り、横軸に「1分間隔の時間経過」を取った"学習活動観察リスト"を作り、抽出児を観察しています。

その結果、子どもたち一人ひとりが、実に、多様な学習行動をとっていることがわかりました。抽出児の中で優れた学習活動を取る子どもたちについて集中的に検討してみると、この子たちには、時折自分の学習活動を"振り返る"という行為が見られたのです。後に、「メタ認知」と名付けることになる認知にたけた子どもが存在していることが判明したのです。

メタ認知（meta-cognition）とは、課題（問題）を解決する学習活動の全体を見通した俯瞰的な反省的思考（reflective thinking）と言えます。「メタ」とは高次元という意味です。

図6を見てください。「メタ認知（メタ認知的思考）」とは課題を解決する認知行為をより高い次元から、第三者的に、鳥瞰的なまなざしの

中で学習活動の全体を反省的に眺める〝もう1つの認知行為〟ということです。認知活動を二重構造として位置付けることになります。

　第1の基底層の認知行為は課題（問題）解決活動です。すなわち，「課題づくり」⇒「仮説の設定（見通しを立てる）」⇒「探究活動」⇒「結論づけ」（⇒「新しい課題」）というプロセスで進行します。このステップは従来からよく知られ，実践されてきているところです。

　しかし，上層部を構成する「メタ認知」は1980年代になって認知心理学の発達の中で指摘され始めるまで，しっかり認知されていなかったものです。従来から使われてきた「反省的思考」という概念の中に含まれていたと言えそうです。

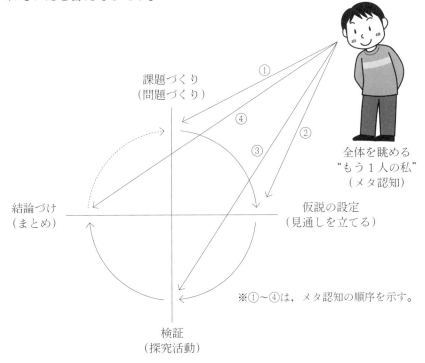

図6　メタ認知の構造（全体を眺めるもう1人の私）

（加藤幸次『教科等横断的な教育課程編成の考え方・進め方』黎明書房，2019年，p.136）

私は，確か 1985 年のことと記憶しているのですが，東洋先生を緒川小学校の研究会にお招きしたとき，お聞きしたのが最初でした。以後，私たちは自己学習力の育成を目指す教育活動の中に「メタ認知」を位置付けようとしてきました。すなわち，自己教育力（自ら学ぶ力）の中核に，メタ認知力（メタ認知的思考力）の育成を位置付けてきました。
（参考文献：緒川小学校『自己学習力の育成と評価』（オープン・スクール選書 8）明治図書，1985 年。卯ノ里小学校『個性化教育の実践と評価』黎明書房，1989 年）

3 「メタ認知力（メタ認知的思考力）」の育成を目指す評価活動を作る

(1) 「メタ認知力」を自己評価活動によって育成する

　認知行為を反省的に，一段と高い視点から眺めながら進行させている力を「メタ認知力（メタ認知的思考力）」と見立てて，整理すると，次のように言えると考えます。

　第 1 に，基底層の認知活動での「課題（問題）づくり」を通して作られてきた「課題（問題）」について，自分はどれだけ「身近で，切実さ」を感じているかと問いただす「もう一人の自分」を認知することです。このことこそ課題（問題）意識と言われるメタ認知で，課題追究をより深いものに導いていく原動力です。もちろん，より深刻に「身近で，切実さ」を感じてこそ，それに続く課題追究へのかかわりが深いものになっていきます。「学習の手引き（ガイド）」（61，63，131 ページ参照）にある 0 での単元への「導入活動（イントロダクション）」の役割です。

　第 2 に，基底層の認知活動での「仮説の設定（見通しを立てる）」活動ですが，メタ認知活動では課題の「追究計画」を立案することです。

そこでは，学習課題にふくまれている "サブ課題" をめぐって，「時間配分（スケジューリング）」をする活動です。また，もし，ペアあるいは小グループで課題追究をする場合は，ペアであるいは小グループで「役割分担」について話し合うことです。ここでは，課題追究の「計画表，予定表」を作成します。特に，長期にわたる学習活動の場合，途中で「計画表，予定表」の修正が必要となります。計画通り，あるいは，予定通り追究活動が進んでいないときには，どこかで時間を捻出する必要があります。あるいは，計画した活動を縮小するように迫られます。

　第 3 に，基底層の認知活動での「検証（探究活動）」活動ですが，メタ認知活動では「学習資源（ソース）」について吟味することです。課題追究に必要な情報やデータが得られるかどうか，物的学習環境とともに，人的学習環境について吟味する必要があります。ここでも，特に，長期にわたる学習活動の場合，途中で追究活動についてフィードバックを試み，「学習資源（ソース）」の見直しが必要となります。

　第 4 に，「結論づけ（まとめ）」活動ですが，常に，どのような形にするのか検討しながら学習活動を進める必要があります。仮に，「新聞づくり」という形のまとめをするとして，最初のおよその紙面構成といくつかのヘッドラインを決めておきますが，探究活動の進行とともに，特に，ヘッドラインとスペースの修正をせざるを得なくなるはずです。「まとめ」活動を意識することがそのままメタ認知活動と言ってもいいかもしれません。

　認知行為の進行に伴うこれら 4 つの「メタ認知」活動は，反省的，鳥瞰的視点に立って行われます。したがって，第 4 の「まとめ」活動が課題（問題）解決活動の最初の「課題（問題）意識」の時点から "付きまとって" います。別な角度から言うと，メタ認知力に優れた子どもは最初からどのような「まとめ」活動をするべきかに気を配り，「時間，追究，学習資源（ソース）」に気を配り，調整と修正をしながら，学習

活動を進めているということです。

　極めて重要なことは，反省的，鳥瞰的視点に立って行われるこれらのメタ認知活動は，「まとめ」という形で得られる学習結果に"相対的な"位置付けを与えるものです。得られた結論の"限界"を自覚させるものです。別な言い方をすると，どんな課題がまだ"残されているか"自覚させてくれるものです。人間は，というか，学習者は誰しも，課題（問題）に没頭すればするほど，自分が追究して得た結論に"自信"を持つ存在です。それだけ"限界"が見えず，盲目的になりがちです。

　「メタ認知力（メタ認知的思考力)」の育成を目指した評価活動は形成的評価と総括的評価としてなされます。形成的評価は「どうなっているか」という視点から，途中で自己チェックし，フィードバックがかけられる評価活動です。したがって，課題（問題）解決活動を深化させるという点から言って，総括的評価がより重要です。

　表22を見てください。第3章で見た表5「小学校3年社会科『ちがった土地の人々のしごととくらし』の『学習の手引き』」(61ページ）と類似したものです。この学習の手引き（ガイド）は小学校5年生の理科の単元「音」に関するものです。重要なことは，単元の学習にあたって，まず，この手引きを手掛かりに「学習の全体像」を知ることです。最初の授業での導入として0番の活動をします。この単元の3つの目標で，学習課題は4つ（内，1つは発展課題）です。学習課題を追究する際に用いる「学習カード，解答カード，ヒントカード，教科書，理科ノート，VTR，資料カード」と，発展課題に挑戦するときに参考とする「作品例冊子」が用意されています。学習時間は400分（9時間）です。

1）　学習の手引き（ガイド）は学習活動の全体像を描く

　学習の手引き（ガイド）を使った学習活動は，原則，自力解決活動で「一人学習」です。学校によって「個別学習」とか，「週間プログラム」

表 22　学習の手引き（小学校 5 年理科「音」）

学習のてびき（5 年　理科「音」）

── この「てびき」の目標 ──
1．音の伝わり方や強弱と振動の関係を理解することができる。
2．音の反射，吸収をくふうして調べることができる。
3．音の性質を利用しておもちゃを作ったり生活の中に生かそうとしたりすることができる。

──────── 標準時間　400 分（9 時間）

| 0 |　"音調べ"をしましょう。耳をすましてみてください。いろんな音が聞こえますね。となりの教室の声。廊下をあるく足の音。運動場からのスピーカーの音。今から先生が見えるところと見えないところで「たいこ」を強く，また，弱くたたきます。よく聞いて，「資料カード」(1)に答えてください。さあ，始めます。

	カード	教科書	理科ノート	その他
1　たいこの音の出方，伝わり方を調べて音はどのようにしてわたしの耳に聞こえてくるのか調べよう。 ▶できた人は理科ノートにまとめよう。	学習カード 1 解答カード 1	P.34 ～ 40	P.86 ～ 89	VTR1 資料カード(2)
2　音がはねかえったり，進む方向がかわったりすることについて調べよう。	ヒントカード	P.41 ～ 43	P.90 ～ 91	
3　弱い音や強い音の出方のちがいについて調べよう。 ▶理科ノートを先生に提出しよう。	学習カード 2 解答カード 2	P.44 ～ 45	P.92 ～ 93	VTR2
── ここまでは全員通過するようにがんばりましょう。				
4　「音」の単元で学習したことをもとに「音をだすもの，伝えるもの，音を集めるもの」を読んでみよう。				作品例冊子

（加藤幸次『アクティブ・ラーニングの考え方・進め方』黎明書房，2016 年，p.134）

とか、「マイペース学習」とか、「モジュール学習」と呼ばれる教科学習です。繰り返しますが、この「一人学習」ですが、友だちと一緒にペアを組んで学習しても、小グループで一緒になって学習してもよいのです。

「『個に応じた指導』のための10の指導学習プログラム」の第4，5，6がそれらに相当しますが、ここでは、「学習の手引き（ガイド）」が用意され、課題解決活動の「全体像」が示されます。このあり方が「一人学習」に自己教育力を育成するという使命を与えることになったのです。すなわち、課題解決活動という認知活動を一段上の高みより鳥瞰的に見直す機会を与えたのです。

端的に言えば、学習への導入時に「学習の手引き（ガイド）」によって、子どもたちに学習活動の全体像を与えることができるようになったのです。何を目指して、どんな学習課題の解決を目指して、どれだけの時間で、何を用いてしていくのか、学習を開始する時点で、子どもたちは理解することができるようになったのです。

繰り返しを恐れないで言えば、伝統的な授業では、教師は教科の年間計画を持ち、単元ごとに指導計画を持ち、さらに、一つ一つの授業について指導案を持って、授業に臨みます。すなわち、教師は教科、単元、本時の授業について「全体像」を把握しているのです。それに対して、子どもたちは教師が毎時間学習課題を示して、授業に臨むという状態です。もちろん、教師は本時のまとめ、次時の予告を行うべきですが、必ずしも、しっかり行われているわけではないのです。ということは、子どもたちは学習活動に対して受身な状態で授業に挑んでいると言っていいでしょう。まして、単元の初めに、単元の目的、主な活動などについて、時間を取って、導入することはめったにありません。すなわち、学習活動についての鳥瞰図が与えられることはないのです。

2) 計画表，活動結果，そして，振り返り

他方、子どもたちは、「学習の手引き」の $\boxed{0}$ 番の単元への導入活動を

受けて，自分の学習活動のスケジュールを「計画表」に書き込んでいきます。計画表には「振り返り」欄があり，教師からのアドバイスを受ける欄もあり，1 つの学習課題が終わるたびに「反省（フィードバック）」を書き込む欄もあります。

　このように自分なりに最終目標を目指してスケジュールを立て，学習結果に反省を加えることは，自己教育力の育成に大いに役立っていると考えられます。毎回，学習の初めに「計画表」に記入し，終わりに「振り返り」欄に記入していくことを繰り返すことによって，学習活動の進捗状況を知ることができます。

3)　メタ認知をめぐって「自己評価」する

　それに対して，課題解決活動の上層部を構成する「メタ認知力（メタ認知的思考力）」の育成を目指した"自己評価"活動は形成的評価として，また，総括的評価として行われます。表23，24 に見るような「メタ認知アンケート」と「自己評価表」という形で行われます。

　繰り返しますが，課題解決活動を振り返って，学習課題，学習時間，学習材（情報・データ），まとめ（発表・制作）をめぐって，鳥瞰的な視点に立って見直し，反省することになります。

　学習活動の途中で形成的評価として行うとき，まず，時間調整がかなり重要な問題となります。一般的には，予定どおり学習活動は進行せず，常に，時間調整が必要になってきます。次に，物的学習環境について，また，教師や専門家といった人的学習環境についての見直し，反省も含まれます。実際のところ，子どもがあるいは子どもたちが望むデータや情報が得られることは稀で，再度，別のソースからデータや情報を得ることを考えねばならないのです。

　さらに，もし二人学習や小グループ学習として取り組んで課題解決学習に挑むなら，ペアや小グループのティームワークについても見直し，そこでの役割分担についても見直しをすることになります。

表23 教科学習用「メタ認知アンケート」

単元名「　　　　　　　　　　　　　　　　」

年　　　組　名前 ＿＿＿＿＿＿＿＿＿＿＿＿

		ぜんぜんそうでない	あまりそうでない	ややそう	とてもそう
1	この学習は楽しくやれましたか	1 — 2 — 3 — 4			
2	この課題はおもしろかったですか	1 — 2 — 3 — 4			
3	友達と楽しくやれましたか	1 — 2 — 3 — 4			
4	時間はじゅうぶんありましたか	1 — 2 — 3 — 4			
5	学習に使う資料はじゅうぶんありましたか	1 — 2 — 3 — 4			
6	先生によく相談に行きましたか	1 — 2 — 3 — 4			
7	お父さんやお母さんにも相談しましたか	1 — 2 — 3 — 4			
8	まとめはよくやれましたか	1 — 2 — 3 — 4			
9	発表はうまくやれましたか	1 — 2 — 3 — 4			
10	またこんな学習をやりたいと思いますか	1 — 2 — 3 — 4			

この学習で「困ったことや工夫したこと」などを書いてください

表24　総合的学習用「自己評価表」

```
　　　　オープンタイム自己評価表　　　年　　　組　氏名
テ　ー　マ（　　　　　　　　　　　　　　　　　　　　　）
選んだ理由（　　　　　　　　　　　　　　　　　　　　　　）
期　　　間（　　　月　　　日　～　　　月　　　　日）
※次のことがらで，あてはまるところに〇をつけましょう。

1.　テーマの選び方はどうでしたか。

　　・発展的な学習に取り組むことができた。

　　・自分の不得手なものに挑戦することができた。

　　・自分の興味・関心のあることに取り組むことができた。

　　・自分のやりたいことを，なんとなく選んでしまった。

2.　計画は立てられましたか。

　　・計画がしっかり立てられた。

　　・十分とはいえないが，立てることができた。

　　・なかなか立てられなかった。

3.　計画に従ってやり通せましたか。

　　・計画どおりできた。

　　・十分とはいえないがやり通せた。

　　・計画どおりできないことが多かった。

4.　取り組む態度はどうでしたか。

　　・自分なりに努力できた。

　　・遊んでしまうことが多かった。
```

学習活動が終了した段階で総括的評価として行われるとき，学習活動の全体について，学習の楽しさ，ティームワーク（人間関係），最後のまとめ（発表）についての反省が伴います。

4)　教師はメタ認知力の育成を目指して「個別的支援」をする

強調しますが，自己教育力の要は「メタ認知力」にあるとすると，学習活動が終わった時点で，すなわち，総括的評価として，このような「メタ認知アンケート」あるいは「自己評価表」による評価活動を行うことは極めて有効な手段です。同時に，長期にわたる学習活動では，一まとまりの学習活動が終わったと考えられる時点で，「メタ認知アンケート」あるいは「自己評価表」による評価活動を行い，子どもと話し合いながら，教師が個別的支援を行うことが重要です。

たとえばですが，

①　学習課題をめぐって，一人ひとりの子どもの学習意欲の起伏に注目し，発問することが考えられます。「今夢中になってやっているところはどこか」とか，「楽しいと思ったことは何か」とか，声掛けしながら，学習活動を一緒に見直すことです。逆に，やる気を失いそうな子どもには「どこで困っているのか」とか，「助けられそうなことはないか」とか声がけをしたいです。やる気が起こりそうな示唆ができれば一番いいでしょう。

②　学習時間をめぐって，学習時間が足りているのかどうか，足りないようなら，どこで時間を取るのか，示唆したいものです。

③　情報・データをめぐって，十分な情報・データが得られているかどうか，不足している情報・データが何か，尋ねたいものです。

④　結論をめぐって，発表するならどんな方法で，どこに焦点を当てて発表するつもりなのか尋ねて，示唆します。

などのことができれば，すばらしい個別的支援です。

別な視点から言えば，教師がこうした観点から，繰り返し子どもたち

に働きかけていれば，教師がこだわっている観点が自ずと子どもたちに伝わっていくはずです。

4　「得意な分野・追究方法の習得」を目指す学習活動でも，自己評価活動を重視する

(1)　学習の個性化の第 1 ステップは「得意な分野・追究方法」を育てることである

　伝統的な一斉授業は，すべての日本国民が身に付けるべき共通の知識，技能，態度をめぐって，なされてきています。一斉画一授業と言われますが，実に見事な表現です。英語にも，コモン・スクールという概念があり，また，ベイシックスという共通して修得すべき教育内容を意味する言葉があります。19 世紀末ころ，近代学校制度が確立してきましたが，どの国をとっても，人々が共通の知識，技能，価値観をめぐって，国民を育成することに専念してきました。したがって，一人ひとりの人間の持つ特性とか，個性を伸長することは忌避されてきたのです。確かに，上で見た 1971 年の『46 答申』が "第 3 の教育改革" を目指すものと言われる意味が理解できます。

　しかし，興味あることに，近年になっても，学校教育の中で，一人ひとりの人間が「得意な分野・得意な追究方法」を身に付けることは認知されていません。よく「選択と集中」というスローガンを耳にすることがありますが，「選択し，集中できる」学習活動があるとは，誰も知りません。「深い学び」とは，選択した特定の課題をより深く追究する学習と言ってもいいかと思います。

　私たちは第 7（発展課題学習）と第 8（課題選択学習）の指導学習プログラムを作り，「得意な分野・得意な追究方法」を身に付けることが

できる授業を作りました。画一性と同一性の中に埋没させられてきた授業に風穴をあけようとしたのです。

何度も，同じ事例で恐縮しますが，第2章2−(4)−⑦発展課題学習と⑧課題選択学習（37〜38ページ）の説明で，小学校理科の「昆虫」と中学校社会歴史的分野の「幕藩体制」を例として取り上げておきました。

ここでも，説明を続けますが，前者の発展課題学習は基本的な内容を学習した後で，子どもが関心を持つトピックを選んで発展的な学習活動を行うというものです。当然，学習時間は短くなり，十分深い学習とはならないと考えられますが，それでもなお，共通な学習課題を終えた後に「選択し，集中できる」学習活動を付け加えました。学力テストや入学試験に不利にならないと考え，受け入れられやすいのではないでしょうか。

繰り返しを承知していますが，例として，ここでも小学校理科「昆虫」という単元を例として考えます。ごく一般的には，クラス全員で野原に出て"バッタ"をとらえてきます。とらえてきた"バッタ"について飼育し，観察し，描いたり，記録したり学習していきます。こうした学習活動を通して，子どもたちは「昆虫」について基本的なことを学んでいきます。昆虫は頭，胸，腹に分かれていて，胸に6本の脚が生えていて，4枚の羽があり，自然環境にうまく適応して生きている小さな生き物で，種として最も多い生き物で，どこにでもいるということから，この共通学習に加えて，時間調整の役割もかねて，発展的な学習の時間を設けることにはあまり問題はなさそうです。

問題は後者の課題選択学習です。この学習プログラムは単元の最初から子どもたちは自分が関心のあるトピックを選んで，そこに集中して学習していく学習プログラムです。他のトピックについては学習しません。したがって，他のトピックについては最後の発表のとき，他のトピック

を選択したグループの発表を聞く程度のことになります。特に学力テストや入学試験を控える日本の中学校では大きな問題です。ここでも同じ例ですが，中学校社会歴史的分野「幕藩体制」という単元での課題選択学習を取り上げます。この単元での学習内容として，武家諸法度，参勤交代，刀狩，元禄文化を挙げておきましたが，たとえば，ある生徒が「武家諸法度」という課題を選んで学習したとします。この生徒が後の単元「明治時代」で「五か条の御誓文」という課題を選んで学習したとします。さらに，第二次世界大戦後導入された「民主主義」について，「3 権分立」という課題を選んで学習したとします。この生徒はその時代を律する “法制度・体系” について集中して学んできていて，そこに，自分が得意とする分野を作り出すことができると言っていいでしょう。

　追究方法についても，自分が得意とする方法を獲得していくことが期待されます。もしこの生徒が “文献研究” でこれら 3 つの課題を追究したとすると，“文献研究” という追究方法を得意としていくでしょう。もしまた，この生徒がいわゆる “足で書く” と言われるように，いろいろな専門家に会って，あるいは，いろいろな施設を訪ね歩いて書くという追究方法をとるなら，“足で書く” 式の追究方法を得意にしていくでしょう。

　まとめ方や発表の仕方についても，自分が得意とする方法を作り出していくでしょう。たとえば，小学校で「新聞づくり」でまとめ，自信を持つことができた経験を持つ子どもは，中学校でも「新聞づくり」でまとめたとすると，「新聞」という形でまとめることを得意としていくに違いないのです。今日では，子どもたちが容易に駆使できるカメラ，レコーダーといったメディアができてきています。音声付きの「写真アルバム」づくりも可能です。

　従来の授業にはこのような “自分の得意” を育てるという考え方も，実践もなかったし，否定されてきました。“自分の得意” を育てるとは，

表 25　課題選択学習のフローチャート
（小学校 6 年社会科「戦争と国民生活」）

校時	学習形態	学習内容	学習の流れ
1・2・3	集団学習	〔課題をつかむ〕 ・15 年戦争に突入していったことと戦争のあらましを調べる ・戦争体験者に当時の国民生活についての話を聞く	S オリエンテーション
	集団個別 （CAI の活用）	・オリエンテーションでの学習を生かしながら共通課題を設定し一人ひとりの学習課題をつくる ・学習計画を立てる	課題づくり
4・5・6・7・8	個別学習 （CAI の活用）	〔課題を追求する〕 ・新聞づくりを通して戦争は人々の生活を圧迫する悲惨なものであることがわかる （課題 A） 　学校生活 （課題 B） 　集団疎開 （課題 C） 　家庭生活	(A) (B) (C) 取材メモ　取材メモ　取材メモ 新聞づくり　新聞づくり　新聞づくり
9・10	集団学習	〔まとめる〕 ・一人ひとりの社説をもとに話し合いをおこない考えを深める	討論会 作文 E
	（備考） 　　　　　集団学習 　　　　　個別学習 　　　　　評価		

（加藤幸次・浅沼茂編著『学習環境づくりと学習材の開発』明治図書，1987 年，p.91）

140

具体的なレベルで“個性”を育てることと言い換えてもいいのです。課題が選択できる学習，すなわち，課題選択学習を「学習の個性化」の第一歩として重視していたのです。

　表 25 を見てください。これは岐阜県池田町立池田小学校 6 年生の社会科の単元「戦争と国民生活」に関する課題選択学習（トピック学習）の学習計画です。オリエンテーションの後，子どもたちは一人ひとり 3 つの課題（(A) 学校生活，(B) 集団疎開，(C) 家庭生活）から 1 つを選択して，「課題づくり」をし，「学習計画」を立て，「取材」し，同じ課題を選択した友だちと「話し合い（検討会）」をし，最後に「新聞づくり」をしてまとめるという個人別“課題選択学習”です。

　たとえば，(B) 集団疎開を課題として選んだ一人の子は『どんなに苦しくても！』というタイトルをつけて，新聞を作成しています。

　全体は 3 段構成で，一番上の段は“どんなに苦しくても！”というヘッドラインに導かれ，“家族や友達と別れたくないよ～！”と“疎開してきて良かったのか !?”という 2 つのサブタイトルに分けて書かれています。2 段目はさらに 2 段に分け，上は横書きで“なれないくらしの中で・・・”とサブタイトルをつけて，下は縦書きで“おなかがすいて死にそうな毎日”“行きは良い良い帰りは泣き泣き”のサブタイトルをつけて，疎開生活についてまとめられています。3 段目は「社説」と題して，新聞記者に見立てた自分なりのまとめです。“がんばります，勝つまでは”といった趣旨で書かれています。

5 「興味・関心の拡大」を目指す学習活動でも，自己評価活動を重視する

(1) 「興味・関心」に，第5の個人差「生活経験」を加える

　今ではほとんど忘れられていますが，最初の学習指導要領（1947年，昭和22年）には，教科とは別に「自由研究」（小学校4，5，6年，週2〜4時間，中学校1，2，3年，週1〜4時間）という学習領域がありました。この自由時間は，子どもの興味・関心（個性）を伸長させる時間ととらえられ，教科学習から発展的に生じる学習活動（発展課題学習）やクラブ活動などが示唆されていました。しかし，2年後には，特別活動という名称のもとに統合されてしまい，なくなってしまいました。

　1989年（平成元年）の学習指導要領の改定で，小学校低学年に「生活科」が誕生しました。この新しく導入された生活科は単にそれまで教えられてきた社会科と理科の統合ではなく，低学年の子どもたちが自分の興味・関心をベースに，身の回りの社会や自然を対象にして学ぶことによって，生活を"楽しむ"教科と考えられ，今日に至っています。

　最初は教師や学校が自ら作り出す教育活動として位置付けられましたが，2，3年後には，1つの"教科"となり，教科書までできてしまい，生活科は「自由研究」の流れをくむものか，「教科」に属するものか，曖昧になってしまいました。一方で，10年後の1998年（平成10年）の学習指導要領の改訂では，小学校中学年と高学年に「総合的な学習の時間」が導入され，子どもたちの興味・関心にベースを置いた教育活動ができました。

　私たちは，生活科のいわゆる試行期間（合科的指導）を機に，「興味・関心」という個人差に，積極的に，「生活経験」と名付けた個人差を付

け加えることにしました。なぜなら，従来，学校で子どもたちが学ぶことは学校生活の中で完結していて，子どもたちの家庭生活や校外生活とは切り離されてきたと感じていたからです。生活科や総合的な学習の時間は，教師や学校が子どもたちの家庭生活や校外生活をベースにした教育活動を展開することができる場と考えたからです。

たとえば，子どもたちは家族で旅行しますし，家庭でテレビを見ますし，漫画やゲームなど楽しみます。また，子どもたちは様々な郊外生活を送っていることは言うまでもありません。こうした家庭生活や校外生活の中で得た経験をベースにした探究活動を生活科や総合的な学習の時間に組み入れたいと考えたからです。

たとえば，具体的に，家が中華料理店を経営していて，中華料理について調べてみたいと考えている子がいるはずです。あるいは，兄弟の一人がトラックの運転手をしていて，自動車に興味を持っている子がいるはずです。こうした子どもたちの興味や関心を「生活経験」とまとめて，個人差の 1 つにしたということです。

(2) 学習の個性化の第 2 ステップは「興味・関心」を拡大することである

1) 「契約学習（コントラクト学習）」を構想する

図 1「教育内容と教育方法のマトリックス」（25 ページ）を再び見てください。「指導の個別化」領域では教師が主導権（ヘゲモニー）を持っていますが，「学習の個性化」領域では，学習者が徐々に主導権を発揮していきます。学習意欲という観点から見ると，学習者は自分が学習したい内容を学習したいと考える方法で学習するとき，すなわち，D の領域で，最も高くなります。表 1 に示した「『個に応じた指導』のための 10 の指導学習プログラム（個別指導システム）」（34 ページ）のうち，⑨自由課題学習と⑩自由研究学習の指導学習プログラムで子どもたちの

学習意欲は最も高くなります。

　子どもたちが"好きなことを好きなように"学習すると言っても，当然，教師のアドバイスや承諾を得て，かつ，問題解決学習として展開されるべきです。このあり方を教師と子どもたちとの間の「契約学習」と名付けることにし，まず，子どもたちは課題解決学習に用いる「学習の手引き（ガイド）」にあたる「契約学習シート（カード）」を自ら作成し，教師のアドバイスや承諾を得ることから始めることにします。

　「契約学習シート」を構成する要素は，「学習の手引き」と同じで，①学習課題（問題）と②課題（問題）設定の理由，③学習活動計画，④予想される成果，それに⑤学習を終了する日時とまとめ方です。

　一人学習として学習するのなら，自分一人で，教師のアドバイスを得ながら「契約学習シート」を完成し，教師の承諾を得て学習を始めます。友だちとペアを組んで，あるいは，小グループで学習をするときも同じです。重要なことは子どもが学習活動の全体に主体的かつ自主的にかかわることで，「メタ認知力」の育成という観点に貫かれていることです。

2）「ウェビング手法」を用いて「契約学習シート」を作成する

　第3章5−(2)の図5「『道路工事』をめぐって作られたウェビング図」（67ページ）を再度見てください。学校の前の道で繰り広げられていた「道路工事」をめぐって，愛知県東浦町立卯ノ里小学校の5年生が作ったウェビング図です。このウェビングを基に「契約学習シート」を作ってみてください。

　2，3補足しておきます。1つは，繰り返しますが，ウェビングにかなりの時間を取るべきだということです。まず，大まかなウェビング図を描き，次に，できる限り"学習可能なもの"としてウェビング図を描くことです。すなわち，ウェビングをしながら，実際に課題（問題）追究を可能にするデータ，資料などについて，事前にあたりをつけておくことです。

　図書館やネットで調べておきます。また，専門家にいろいろお聴きするとして，どこに，どんな人がおられるか，事前に調べておく必要があります。さらに，課題（問題）追究に際して，見学に出かけることになるとして，事前見学の可能性について調べ，アポイントメントを問う必要があります。そのうえで，“学習可能なもの”としてウェビング図を描き，それを基に「契約学習シート」を書き，先生と学習契約を結ぶことになります。

　もう１つはスケジューリング（学習計画）と，まとめをどうするかです。やはり，仮にでも決めておく必要があります。さらに１つは，ペアあるいは小グループで学習する場合は，役割分担です。

3)　「私たちの町の空き家問題」というテーマに挑戦する

　もう１つ中学校での総合的な学習の時間で行われた事例を加えておきます。生徒たちが小グループで挑戦した契約学習です。この学年では，１年間を通した「自由研究」と名付けられた総合的な学習の時間があって，生徒たちは学級の枠を超えて学習グループを作ることが認められています。

　各グループは１学期にウェビング（次ページ図 7 参照）を行い，学習計画を立てます。どんな学習課題について，どんなスケジュールで活動を展開するのか，「契約学習シート」を用いて立案します。次に，教師と相談し，許可を得ます。夏休みを利用して取材活動を行い，2 学期に取材活動で得た情報やデータを活用して問題の探究を行い，まとめます。ここでも，上の 3 −(1)− 3) で見たように，「メタ認知アンケート」（134 ページ）や「自己評価表」（135 ページ）を各学期末に行い，探究活動を鳥瞰的にとらえ，反省を加えつつ，学習活動を進めます。

4)　発表会で自己評価の結果についても触れる

　この自由研究は１年間にわたる総合的学習ですので，学年末に保護者，ボランティア，取材でお世話になった人たちを招いて，1 日がかり

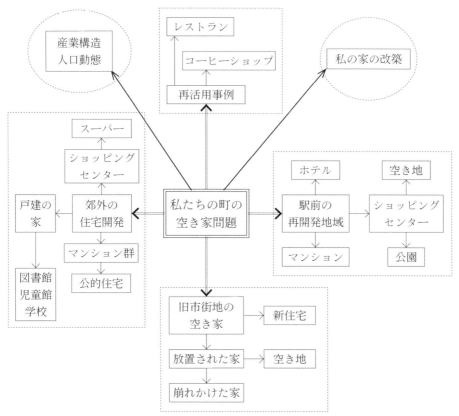

図7 「私たちの町の空き家問題」をめぐって作られたウェビング図（中学校）

の「発表会」を開きます。

　この自由研究の中には「メディア研究」という別の小グループがあって、このグループは、各研究グループの活動を記録し、まとめる役割を担っています。したがって、この「メディア研究」グループは「私たちの町の空き家問題」というテーマに挑戦したすべての研究グループの学習活動を記録し、まとめ、最後の発表会で発表したというわけです。言い換えると、この「メディア研究」グループは、各研究グループの活動についての「パフォーマンス評価」のための資料づくりの役割を担って

いたのです。

　各グループは学年末の発表会を目指して，「凝縮ポートフォリオ」を作成していきます。新聞づくりのような形で，小テーマごとに大きな用紙にまとめていくグループ，いくつかの口頭発表をビデオにとって発表するグループ，漫画や絵を使って物語を作っていくグループなどがありました。最後に，保護者，ボランティア，取材でお世話になった人たちの協力を得て，「ポートフォリオ評価」を行うというものです。

　繰り返して言えば，自己教育力は学習課題（問題）を解決していく能力と，課題（問題）を解決していく活動を鳥瞰的な視点，すなわち，メタ認知の視点から眺めて見えてくる主体性，自主性及び責任感から成り立っていると考えられます。

　再度，もどって，表24「総合的学習用『自己評価表』」（135ページ）を見てください。1の4項目は「課題（問題）設定」をめぐって，自己評価をする項目です。2の3項目は「追究計画の立案」，3の3項目は「追究のプロセス」，そして，4の2項目は「追究の態度」をめぐって，自己評価を迫る項目になっています。ここで対象としているオープンタイムは一人学習ですが，もしペアなり，小グループなりの学習なら，追究活動での「協力関係，役割分担」をめぐる項目があるべきでしょう。

6　DX’Zチャレンジ（方略3）

方略3：メタ認知力を育む自己評価活動に，より一層力点を置く

(1)　教師が「指導」をフィードバックする

　1956年のソビエト連邦によるスプートニックの打ち上げ成功は西欧諸国に大きなショックを与えました。翌年には，アメリカは国防教育法

（NDEA）を成立させ，教育改革を開始させました。日本では，専ら「教育内容の現代化」運動として紹介されています。象徴的には，J. ブルーナーの編集した『教育の過程（The Process of Education）』の出版です。

　しかし，改革は教育方法の分野にも及んでいたのです。すなわち，伝統的な一斉授業という教育方法に対して，“一人ひとりの子ども”の学習成立を目指す「個別指導」への関心が高まっていったのです。象徴的には，当時の連邦教育局はそれまであった 6 つの地域別教育機関（Educational Research and Development Center）に加えて，個別処遇教授 (IPI) 研究所（1961 年，ピッツバーグ大学），個別ガイド教育 (IGE) 研究所（1964 年，ウィスコンシン大学）とアメリカ行動科学 (PLAN) 研究所（1971 年，スタンフォード大学の郊外パロアルト市）を開設し，IGE 研究所の例ですが，年間約 200 万ドルの資金を提供しているのです。

　他方，個別指導に関する初期の研究が挙げられます。J. キャロルに始まったマスタリー学習（補充指導）は，やがて，『教育の分類学』の編集に従事した B. ブルームに引き継がれ，一挙に注目を浴びるところとなりました。彼は“最適な質”の個別指導が与えられれば，また，その子が必要とする学習時間が与えられれば，どの子も学習効果が上がることが期待される，と主張したのです。

　日本には，スプートニック・ショックに伴う教育改革の動きは専ら「教育内容の現代化」運動として伝えられ，1958 年（昭和 33 年）の学習指導要領の改訂につながっていたのですが，「教育方法の現代化」への関心は，全く，高まりませんでした。とても興味深いことです。

　あえて言いますが，私たちがリードしてきたオープン・スクール／個性化教育運動の中に反映されてきたと言えるかもしれません。言い換えると，それ程までに伝統的な一斉画一授業はこの社会では強固ということとです。

　それに対して，「観点別評価」という言葉が教育評価の領域に組み入

れられて，今日に至っています。やがて，"指導と評価の一体化"という今日まで続く政策に反映されるようになったのです。すなわち，マスタリー学習方式を念頭に，フィードバック機能の強化が目論まれ，教師の指導に焦点が当てられたのです。

この動きは，明らかに，「指導の個別化」領域の施策とマッチするもので，個別指導システムへの関心を高めたことは確かでしょう。しかし，指導という言葉を学習に入れ変え，"学習と評価の一体化"とすると，途端に理解しがたいものとなってしまいます。

推察できるかと思うのですが，「学習の個性化」領域を作り出した私たちにとっては，「指導」が「学習」にとって代わるべきと映るのです。すなわち，評価は"学習"と一体化されてこそ意味があると考えるのです。学校DXの第3ステップはここに焦点を当て，新しい「学校ビジネスモデル」を作るべきです。

(2)　ChatGPTに「指導と評価の一体化」について尋ねてみた

ChatGPTに，まず，「指導と評価の一体化」ということについて聞いてみました。実は「一体化」という日本語は今一つ意味不明です。英語で「一体化」は，integrationとか，alignmentとかですが，この2つは微妙に意味が違います。なお，ChatGPTの回答は"一般的である（偏っていない）"と言われることを承知の上で，「指導と評価の一体化（integration of teaching and assessment）」ということについて尋ねてみました。

その回答は次のようです。（尋ねた日付：2023年8月1日）

「2021年9月の時点では，教育界で教育と評価の統合の概念が人気を集めていました。教育と評価の統合は，学習目標と指導方法，評価戦略を調整して，学生にとって統合的で効果的な学習体験を提供することを

指します。このアプローチは，教えられた内容と評価内容が一致することを確保し，教育者が学生の理解と進捗をよりよく測定できるようにします。」

　続いて，念のため，「指導と評価の一体化」について，その特徴，メリット，問題点について，プロンプト（指示）してみました。ChatGPTの回答は長いので要約すると，次のようです。

　「『指導と評価の一体化』とは，教育現場において教師が生徒の学習指導と評価を密接に結び付けて行うアプローチのことです。従来の教育では，指導と評価が別々のプロセスとして扱われることが一般的でしたが，指導と評価を一体化することでより効果的な学習環境を提供し，生徒の学習成果を向上させることを目指します。

　1)　特徴：・目標設定と評価基準の明確化，・フィードバックと修正，・多様な評価手法の活用，・自己評価の促進
　2)　メリット：・個別の学習ニーズへの対応，・学習の可視化と透明性，・学習意欲の向上，・総合的な能力の評価
　3)　問題点：・評価の客観性の確保，・時間とリソースの制約，・評価の重要性への偏重，・評価基準の明確性」

　これらの回答から言えることは，「指導（teaching）」という言葉がすべて「教育（education）」という言葉になってしまっていますが，「指導と評価の一体化」ということは一般的な関心事であるということです。「"教育"と評価の一体化」という表現が欧米では使われているのでしょう。日本では，「教師の指導」に力点を置いて評価がなされているということでしょうか。

⑶　ChatGPT から「学習と評価の一体化」がもたらす利点について示唆を得た

　「はじめに」で述べたように，本書のねらいは学校 DX 化に向かって「個に応じた指導」を発展させて，「個に応じた“学習”」モデルを作り出すことです。そこで，続いて，指導（teaching）という言葉を学習（learning）という言葉に置き換えて，ChatGPT に尋ねることにしました。すなわち，「学習と評価の一体化」について尋ねています。（尋ねた日付：2023 年 8 月 4 日）

　次のような回答が得られました。

　「『学習と評価の一体化』は，学習活動と評価方法を組み合わせて，統一的で意味のある教育体験を創造するプロセスを指します。伝統的に，学習と評価は別個の要素として扱われ，学習は知識とスキルの習得に焦点を当て，評価はその学習成果の評価を行います。しかし，学習と評価を統合することは，教育にいくつかの利点をもたらします。
・本物さと関連性（自分が興味・関心のあることを学ぶ）
・継続的なフィードバック（自分の強みや改善すべき点の理解）
・高次の思考スキル（批判的思考，問題解決能力，創造性などの高次の思考スキルの評価）
・モチベーションと関与（明確な目標と目的が提供され，学習活動へのモチベーションと関与の向上）
・反省的な実践（メタ認知スキルの獲得）」

　この回答から読み取れることは，まず何より，「“学習”と評価の一体化」ということをめぐって，ChatGPT は「すみません。わかりません」と言わずに，それなりの回答を寄せていることです。このことは，「“学

151

習"と評価の一体化」は何かと問うこと自体，受け入れられており，なんらかの意味ある行為であることを示しています。しかし，この回答を「指導と評価の一体化」についての回答と比較してみると，同じ論理で回答していることがわかります。すなわち，「指導と評価の一体化」では「指導」と「評価」を結び付けて（一体化して）考えられているのですが，「学習と評価の一体化」の回答でも，「学習」を「評価」に直接的に結び付けているのです。この2つの回答の間には，大きな違いがあるべきです。すなわち，前者では「一体化する」主体は教師です。それに対して，後者にあっては，子どもが「一体化する」主体になるとはどういうことか考えねばなりません。上の回答で“利点"として言われている5つのことは，極めて示唆に富むものと言えそうです。

●●● 第6章

学校DXを促すために,「学習指導要領」のスリム化／ガイドライン化を図る

プロローグ　　再度繰り返しますが，DXの目指すところは，縦割りになった現状のシステムを横から層化してとらえることによって，新しいビジネスモデルを作り出すことと言われています。

学校の教育課程は見事なまでに「教科縦割り」になっています。教科担任制を敷く中・高等学校は，当然のこと，見事なまでに「教科縦割り」に組織されています。学級担任制を敷いている小学校もまた，同じように「教科縦割り」で考えられているのです。

大きく言って，学校DXの目指すところはこの「教科縦割り」状況を横から見て，再組織化し，新しい「学校教育モデル」を作り出すことです。

本書では，私たちは学校DXのねらいを「個に応じた"学習"」モデルづくりに置いてきました。なぜなら，私たちがこれまで進めてきた「個に応じた指導」というあり方をさらに，より子どもたちの"学習"活動に焦点を当てた「学校教育モデル」に作り替えたいと願っているからです。ここでは，自学自習を促す「学習材」を充実，子どもたちが参加する「時間割」，および，メタ認知的思考力を育てる「自己評価活動」の3つに焦点を当てて，「学校教育モデル」づくりを目指してきました。

私たちは「子どもの自学する姿（態様）」という視点から学校の教育課程を見直してきました。（表2，48ページ）この視点は教科という枠組みを超えたものと考えています。言い換えると，「個に応じた指導」という横からの視点から，学校の教育課程を再構成してきたと考えています。今後，このあり方を「個に応じた学習」という方向にシフトさせていきたいのです。

学校DXが目指す新しい学校教育は，地域や学校により多様な姿を取って考えられていくでしょう。幸い，このところ話題になってきている次期学習指導要領は，それぞれの地域や学校が新しい「学校教育モデル」を作成していく方向を促進するものとなるべきでしょう。結果として，各地に特色ある「地域プラン」や「学校プラン」が出現してくることを期待したいのです。この最終章では，戦後の学習指導要領の変遷を振り返って，学校DXを促す学習指導要領のあり方について考えたいのです。

1 地域社会に開かれたカリキュラム・マネジメントを志向する

　令和4年（2022年）の「コミュニティ・スクール」の導入率は，公立学校15,221校で全体の42.9％です。コミュニティ・スクールには教育委員会より任命された地域社会や保護者の代表から構成される学校運営協議会が置かれ，学校運営とそのために必要な支援について協議することになっています。したがって，やがて，学校の新しいビジネスモデルの創造を目指す学校DXは学校運営協議会での協議の対象になっていくでしょう。

　まず，学校・教師は学校運営協議会を構成する人々に，学校でのカリキュラム（教育課程）の類型を示して，カリキュラムのあり方について説明し，本校のカリキュラムについて，その特徴と問題点について解説する必要が出てきます。そのために，学校・教師はカリキュラム一般について，とりわけ本校のカリキュラムを熟知している必要があります。

　もちろん，現行の学習指導要領のねらい，教育内容の構成，授業時間数などについて，説明しなければなりません。さらに，一般的には，基礎教科とか，教養教科目とか，専門教科目といった言葉が使われるので，こうした言葉が意味するところについて，説明する必要があります。

　そのうえで，学校DXを意識して，本校でのカリキュラムとそのマネジメントについて学校運営協議会を構成する人々に説明し，了解をえなければなりません。

2　学校DX化を促す学習指導要領のあり方について再考する

(1)　授業時数の「波型運用」を可能にする

　学校DXは学校が学校独自の「教育モデル」を作り出すことです。ここでは，過去の学習指導要領の歴史をたどり，学校DXの手がかりを得たいと考えます。

　戦後のコアカリキュラム時代に，川口プラン，立山プラン，桜田プラン，明石プランなど各地に学校教育プランが作られ実践されました。今日，再び，地域（学校）プランを作り出す時代になってきたと考えられます。

　1947年（昭和22年）の『学習指導要領（試案）』では，教科目の「波型運用」を可能にしていました。例えば，小学校5年の国語の年間授業数は210～245時間という形でした。この波型運用は，4，5，6年の社会，算数，理科，音楽，「自由研究」にも適用されていました。

　表26を見てください。縦に「国語・算数」，「社会・理科」，「音楽・図画工作」という2教科をセットとして，横に「1・2学年」，「3・

表26　教科についての時間配当の例

	1・2学年	3・4学年	5・6学年
国語 算数	45%～40%	45%～40%	45%～35%
社会 理科	20%～30%	25%～35%	25%～35%
音楽 図画工作	20%～15%	20%～15%	25%～20%
家庭			
体育	15%	10%	10%
計	100%	100%	100%

（小学校『学習指導要領一般編（試案）　昭和26年（1951年）改訂版』）

4 学年」,「5・6 学年」と置き,「1・2 学年」では,「国語・算数」45 ～ 40％,「社会・理科」20 ～ 30％,「音楽・図画工作」20 ～ 15％と示されているのです。学校は教育課程を決めるとき,それぞれ教科の授業時間配分を決めることになります。このことによって,各学校は自分の学校らしい教育課程を編成することができました。それらは地域プランとか,学校プランと言われるほど特色あるものでした。

新制中学校は 1951 年(昭和 26 年)から始まりますので,表 27 は新制中学校での教育課程の編成を想定して作られたものと言っていいでしょう。すべての教科目で波型運用が採択されています。波の幅も週時程にして 2 から 3 校時と広いものでした。

間違いなく,教師不足など終戦直後のきびしい状況に対応処置がなされ,授業時数の「波型運用」は各学校に独自の教育課程の編成を促したに違いないのです。

表 27　新制中学校の授業時数

		1 学年	2 学年	3 学年
必修科目	国語	140-210	140-210	140-210
	習字	35-70	35-70	
	社会	140-210	105-175	140-210
	日本史		35-105	35-105
	数学	140-175	105-175	105-175
	理科	105-175	140-175	140-175
	音楽	70-105	70-105	70-105
	図画工作	70-105	70-105	70-105
	職業家庭	105-175	105-175	105-175
	保健体育	105-140	105-140	105-140
	小計	910-1,015	910-1,015	910-1,015
選択科目	外国語	140-210	140-210	140-210
	職業課程	105-140	105-140	105-140
	その他の教科	35-210	35-210	35-210
特別教育活動		70-175	70-175	70-175

(1949 年 5 月 28 日「新制中学校の教科と時間数」の改正について)

　この授業時数の波型運用の採用は，小学校ではこのコアカリキュラム時代以後ありませんが，中学校では，1989年（平成元年）と1998年（平成10年）の学習指導要領の改訂で一部の教科のもとで採用されています。前者では，社会，理科，保健体育，技術・家庭と特別活動，選択教科等で，後者では，選択教科等と総合的な学習の時間で，採用されています。

(2)　新教科を創造する

　よく知られているように，1947年（昭和22年）の小学校，中学校『学習指導要領一般編（試案）』で「社会」という教科が開始されました。以来，1989年（平成元年）に小学校低学年に「生活科」が，2020年（令和2年）に小学校高学年に「英語」が導入されましたが，教科領域の教科は原則変化していません。変化してきたのは「特別活動（教科外活動）」と呼んでいい領域です。

　小学校の学習指導要領で見ていきますが，1958年（昭和33年）に「道徳」，1977年（昭和52年）に「特別活動」，1998年（平成10年）に「総合的な学習の時間」，そして，2008年（平成20年）に「外国語活動」が加わってきています。

　義務教育学校の教育内容，特に教科は高等学校につながり，大学にある"親学問"につながっていると，今日でも信じられてきています。しかし，大学にあると信じられてきている"親学問"はとっくに大きく変化してしまっているのです。かなり以前から顕著になってきていることですが，大学の学部名や学科名に見る変化です。今や，文学部，人文学部，理学部や農学部といった名称に代わって，国際学部，外国語学部，情報学部，コミュニケーション学部，生命科学部などといった学際的，総合的な名称が一般的になっているのです。もちろん，学部名や学科名の変化に伴って，教育内容がより学際的，総合的になってきているので

す。

　こうした学問や科学の進展を受けて，学校教育の教科や内容も変化すべきです。しかし，上に見てきたように，戦後一貫して「教科」は変化してきていないのです。もちろん，各教科の中での内容に変化がもたらされたことは確かですが，特に，「教育内容の現代化・高度化」を目指した1968年（昭和43年）の学習指導要領の改訂以後，ほとんど教育内容は変化していないと言っていいでしょう。したがって，今回の学習指導要領の改訂で，高等学校に導入された「理数探究」，「歴史総合」といった新しい教科目は極めて革新的と言っていいでしょう。

　今では，すっかり，埋もれてしまっていますが，1999年（平成11年）の文部科学省の報告書『教育課程の研究』には，99校の小・中学校が参加しています。その過半数の学校は小学校の英語教育に関する教育課程の研究でしたが，いくつかの学校は教科の再編あるいは新教科の創造に関する教育課程の研究でした。そのうち3校は私がかかわっていた学校です。鹿島市立明倫小学校は「新教科」を構想しています。「総合生活科，人間科，自然科，表現・芸術科」（1年次），「新算数科，新国語科」（2年次），「新体育科」（3年次）について研究開発をしています。愛知県東浦町立緒川小学校は，「教科学習，総合学習，心の活動，創造の活動」の4領域についての研究開発でした。香川大学附属高松中学校は，4つの新教科，すなわち，コミュニケーション科，リサーチ科，プランニング科，芸術科についての開発研究でした。
（参考文献：文部科学省『平成10年度研究開発学校の研究開発の内容（要約）―研究開発学校関係資料―』平成11年5月）

(3)　教育内容をスリム（精選）化する

　冷戦と言われる戦後の米ソ対立は1957年のソ連によるスプートニクの打ち上げによって頂点に達しました。アメリカは国防教育法（NDEA）

を成立させ,学校カリキュラムを構成する教育内容の高度化・現代化を図りました。日本は,1968年（昭和43年）の学習指導要領の改訂と1971年（昭和46年）の『46答申』によって,この動きに対応しました。この答申は"第3の教育改革"を目指し,6・3・3制の見直しを含んで,学校カリキュラムの一貫性を強調し,「標準的かつ基本的なものとして精選された教育内容をしっかり身につけさせることに重点を置く段階を経て,個人の能力・適性などの分化に応じた多様なコースを選択履修させる段階に移るべきである」として,高等学校での多様化を強調し,同時に,個人の個性に応じた教育方法の改善を主張しました。

　1977年（昭和52年）の学習指導要領の改訂は「ゆとりあるしかも充実した学校生活」の実現を目指して,総授業時数を減少させ,各教科内容を「精選」させることが主張されました。他方,教科外領域に「特別活動（ゆとりの時間）」が設けられました。1984年（昭和59年）に始まる臨時教育審議会に引き継がれていきました。

　しかし,よく知られているように,2001年,国際学力調査PISAでの日本の順位の低下を受けて,「学力低下論」が一世を風靡し,文部科学省は学力向上プランを策定し,一気に教育内容の増加に踏み切ったのです。

　表28はその結果を示しています。小学校の国語,算数,理科,社会の4つの教科の主たる教科書会社の教科書（1年から6年）のページ数について,平成16年（2004年）と平成22年（2010年）を比較したものです。国語を例に見れば,教科書（光村図書）のページ数は23.7％増加しているのです。平成23年,中学校の教科書もかなりのページ数を増加したものが文部科学省の検定を通過しています。

　常に言われ続けていることですが,教師は"教科書で教えている"というより"教科書を教えている"と言われています。ということは,このページ数の増加はそのまま授業内容の増加を伴っていると言っていい

表28　1授業（45分）で指導すべき平均ページ数と増加率

	平成22年	平成16年	増加ページ（増加率）
国語（光村図書）	1.20	0.97	0.23（23.7%）
算数（東京書籍）	1.33	1.18	0.15（12.7%）
理科（大日本図書）	1.81	1.50	0.31（20.7%）
社会（東京書籍）	2.22	1.69	0.53（31.4%）

（注）　東京書籍の「社会」及び大日本図書の「理科」は，平成22年検定本はAB判。

（加藤幸次『分厚くなった教科書を活用した40の指導法』黎明書房，2011年，p.17）

のです。自ずと日頃の授業が"詰め込み"型になっていると想像できます。

　文部科学省が公表した「問題行動・不登校調査」によれば，全国の小・中学校で2021年度に学校を30日以上欠席した不登校の子どもは前年度から4万8813人（24.9%）増の24万4940人となり，過去最多を記録したそうです。不登校の増加は9年連続で，10年前と比較すると小学生は3.6倍，中学生は1.7倍増だそうです。このような結果がすべてこのような"詰め込み型"授業によるものとは言わないとしても，子どもたちにとって日々の授業が最も大切なものであるが負担になっていると言っていいでしょう。したがって，学校にとって教育内容のスリム（精選）化は喫緊の課題でしょう。まずは，平成16年のレベルに返すことが重要です。

3　DX'Zチャレンジ（方略4）

> 方略4：次期学習指導要領は，地域や学校が"特色ある"教育課程を自主編成することを支援する

(1)　学校DXは「教科等横断的な教育課程」の編成を目指す

　2017年（平成29年）に改訂された『小学校・中学校学習指導要領解説　総則編』は，まず，次のように言います。「『生きる力』とは，平成8年7月の中央教育審議会の答申において，基礎・基本を確実に身に付け，いかに社会が変化しようと，自ら課題を見付け，自ら学び，自ら考え，主体的に判断し，行動し，よりよく問題を解決する資質や能力，自らを律しつつ，他人とともに協調し，他人を思いやる心や感謝する心などの豊かな人間性，たくましく生きるための健康や体力である」と。

　次に，この「生きる力」の定義を受けて，この新学習指導要領は，第3章「教育課程の編成及び実施」第2節「教育課程の編成」についての2で，「教科等横断的な視点に立った資質・能力の育成」について言及しています。本書第1章で述べたように，2018年，経済産業省はDXに向けた研究会を開き，"2025年の崖"を明示しています。また，同省は「DX推進ガイドライン」を示しています。こうした同省の動きと，今回の文部科学省の学習指導要領の改訂がどのようにかかわっているかは定かではありませんが，"教科等横断的な視点"はまさに「縦割り教科等」を横からとらえ直すことを示唆しています。「教科等横断的な教育課程」の編成について，次の2点が指摘されています。

(1)　各学校においては，児童（生徒）の発達の段階を考慮し，言語能力，情報活用能力（情報モラルを含む。），問題発見・解決能力等の学習の基盤となる資質・能力を育成していくことができるよう，各教科等の特質を生かし，教科等横断的な視点から教育課程の編成を図るものとする。

(2)　各学校においては,児童（生徒）や学校,地域の実態及び児童（生徒）の発達の段階を考慮し，豊かな人生の実現や災害等を乗り越えて次代の社会を形成することに向けた現代的な諸課題に対応して求

められる資質・能力を，教科等横断的な視点で育成していくことが
　できるよう，各学校の特色を生かした教育課程の編成を図るものと
　する。

　端的に言うと，学校DXは，「教科等横断的な教育課程」の編成を推
進することと言っても過言ではないのです。繰り返し述べてきたように，
DXの思考法とは縦のものを横に見て，そこに見られるいくつかの層に
焦点を当てて，新しいモデルを作ることと言えます。まさに，「教科等
横断的な教育課程」の編成を推進すると言い換えることができます。

　そこで育成されるべき資質・能力は，1つは言語能力，情報活用能力
（情報モラルを含む），問題発見・解決能力等の「学習の基盤」で，他の
1つは「現代的な諸課題」に対応して求められる資質・能力というわけ
です。

　前者については，以前から，各教科の各単元の展開過程で常に指導方
法として取り扱われてきている事項です。あえて言えば，今日一人一台
デジタル端末の時代になって，より情報活用能力に焦点が当てられてき
ていると言えそうです。問題は後者にありそうです。

　1998年（平成10年）の学習指導要領の改訂で「総合的な学習の時
間」が導入されました。総合的な学習の時間では，各学校が目標を実現
するにふさわしい探究課題を設定することになり，それは，例えば，国
際理解，情報，環境，福祉・健康などの“現代的な諸課題”に対応する
課題，地域や学校の特色に応じた課題，児童（生徒）の興味・関心に基
づく課題などでした。学校DXもそれらを引き継ぐべきでしょう。

　このところ，地球温暖化の進行は顕著で，世界各地で異常気象が報告
されています。洪水，乾燥，台風など今までにない人類が経験したこと
のない危険なレベルになってきています。コロナによるパンデミックが
収まりつつあるのにもかかわらず，ウクライナやパレスチナでの戦争を
はじめとして世界各地での抗争が絶えません。根底には，宗教やイデオ

ロギーの対立があり，どれ一つとっても，解決は程遠いと言っていいでしょう。

　解決には，政治的，経済的な努力が不可欠ですが，学校教育も貢献すべきです。次期学習指導要領でも，教科等横断的な教育課程の編成が引き継がれ，強調されるでしょう。

（参考文献：加藤幸次『教科等横断的な教育課程編成の考え方・進め方』黎明書房，2019 年）

(2)　教科学習と特別活動の比率を見直し，「総合的な学習の時間」において子どもの興味・関心をベースにした学習活動を増やす

　本章の冒頭(1)で，授業時数の「波型運用」について触れましたが，そのとき，1947 年（昭和 22 年）の最初の学習指導要領（試案）と，続く 1951 年（昭和 26 年）の学習指導要領には，教科領域とは別に，今日の生活科や総合的な学習の時間につながると考えられる「自由時間」が設定されていました。やがて，特別活動（教科外活動）に組み込まれてしまいました。繰り返しますが，1989 年（平成元年）の学習指導要領の改訂で「生活科」が，1998 年（平成 10 年）の改訂で「総合的な学習の時間」が導入されました。前者は小学校低学年での導入ですが，後者は小学校と中学校での導入でした。

　よく指摘されることですが，日本の学校は学校行事や学級行事が多いと言われています。欧米の学校は"教科学校"であるのに対して，日本の学校は"生活学校"と言われます。特別活動に当てられた授業時数は週 1 校時にすぎませんが，実際はかなりの授業時数が使われています。典型的には，中学校のクラブ活動です。間違いなく，小学校の運動会や卒業式などの儀式に使われている授業時数はかなり多いと考えられます。この行事中心のあり方を縮小し，さしずめ，教科等横断的な視点から

「総合的な学習の時間」の大幅な拡大を図るべきでしょう。

　大幅に拡大された「総合的な学習の時間」で，まずは，上に述べたように，人類が当面している「現代的な諸課題（グローバル・イシュー）」に挑戦する学習活動を増加すべきです。しかし，同時に，「子どもたちの興味・関心に基づく課題」をベースにした学習活動も増加すべきです。現行の小学校学習指導要領についての解説は次のように言います。

　「児童は，①日常生活や社会に目を向けた時に湧き上がってくる疑問や関心に基づいて，自ら課題を見付け，②そこにある具体的な問題について情報を収集し，③その情報を整理・分析したり，知識や技能に結び付けたり，考えを出し合ったりしながら問題の解決に取り組み，④明らかになった考えや意見などをまとめ・表現し，そこからまた新たな課題を見付け，更なる問題の解決を始めるといった学習活動を発展的に繰り返していく。要するに探究的な学習とは，物事の本質を探って見極めようとする一連の知的営みのことである。」（『小学校学習指導要領解説　総合的な学習の時間編』平成 29 年 7 月，p.9 より）

おわりに
―緒川小学校に遭遇し，後世に残る実践研究ができた―

1 地元の「生活学校」の伝統を引き継いだ「態様」という言葉で始まる

　私の運命が地元の学校教育に定まったのは，戦後の貧困から脱出の兆しが見え始めた 1961 年でした。私が地元愛知県半田市の中学校の教師になったことを一番喜んだのは両親でした。間違いなく，4 人兄弟の長男の私が収入の安定した教師になり，両親は家計を支えてくれるものと期待していました。

　しかし，2 年後に教師を辞して，大学院に進み，さらに，アメリカに留学してしまったのです。母親の当惑は計りようもありませんでした。今にして思うに，運命としか言いようがなかった気がします。帰国して，1973 年，国立教育研究所に勤めて，まさに 1976 年，地元半田市の隣町である東浦町の教育にかかわる幸運に遭遇することになったのです。

　当時，日本でも，オープン・スクール（壁の無い学校）が作られ始めていて，東浦町は北部中学校（1977 年），緒川小学校（1978 年），卯ノ里小学校（1979 年）のオープン・スクールを開校しようとしていました。私を東浦町の教育に遭遇させたのは，私の高校と大学の同級生で，建設されつつあった北部中学校で研究主任を務めることになっていた新海康夫先生です。

　確か，1976 年の秋，彼が，突然，私の研究室に来て，東浦町の学校改革にかかわらないかと誘ってくれたのです。大学を卒業し，15 年くらい経過していましたが，まさに，運命的な再会でした。

1977 年の春，早速，校舎は古いままでしたが，緒川小学校の先生方とオープン・スペースを活用してどんな授業を作り出していくべきか，話し合いを始めました。学校の教育目標は，中央教育審議会の「46 答申」の趣旨を受けて，初めから「自己教育力（自ら学ぶ力）の育成」と決まっていました。1，2 年目は，県からの算数科の研究指定を受けていましたので，「ワーク・スペース（多目的スペース）」を使った一斉授業を補充する個別指導を組み込んだ「マスタリー学習」を試みたと記憶しています。

　2 年目を締めくくる 1 月に，研究推進委員会が開かれ，「態様」をベースの教育課程を展開していくことが提案されました。リードしたのは教務主任であった安藤慧先生で，先生は前任校で稲生実男校長の薫陶を受けていたのです。稲生先生は地元知多半島の河和小学校の研究をリードし，その成果を 1952 年『生活のある学校』（明治図書）として刊行した方でした。私自身はこのことを知ったのは数年後のことだったと記憶しています。

　私は初め「態様」という言葉がどこから出てきたのか知りませんでした。「子どもの学びの姿」という説明を聞いて，納得でした。先生方も，オープン・スペースを活用して「一人ひとりに応じた」教育活動を展開していくのにふさわしい概念と心得ていたのでしょう，すんなりとこの言葉は受け入れられていきました。説明には「子どもの学びの姿」を保証する教育活動と方法を開発していくという鋭い意気込みが感じられました。私の方が先生方の意気込みに押され気味だったのです。

　頭初から，特別活動や学校裁量時間の活用を意識した「集団活動」，「オープン・タイム」，「総合学習」のイメージは鮮明でした。それに対して，文字と計算についてのドリル学習である「はげみ学習」，一斉学習を補足することを目指したマスタリー学習である「集団学習」の導入には，さらに 2，3 年を要しました。「自ら学ぶ力」の育成を直接目指

166

した「週間プログラム」についての研究と開発には，さらに，数年を要しました。

付け加えておきますが，授業時間を2校時連続させた「ブロック制」も，河和小学校で，すでに行われていた週時程でした。

2　研究開発のあの熱気（フィーバー）はどこから出ていたのか

それからの2，3年間は，特別活動や学校裁量時間の活用を意識した「生活学校」を目指す研究開発だったと言っていいでしょう。先生たちは，極めて積極的に，児童会や学級会を子どもたちの手にゆだねて，"ホワイト・ハウス"と名付けた自治活動を作り，卒業式や修学旅行も子どもたちの参加を反映させ，各学年思い思いの飼育活動を行い，従来の郷土科や自由研究を再生する形で総合学習を始め，その延長上に「オープン・タイム」を設けていきました。それに応えて，子どもたちは実に活発に活動していきました。

確かに，誰の目から見ても，このころの緒川小学校の教師たちと子どもたちは無我夢中のように見えました。30代初めの研究主任を中心に，ほぼ全員，若かった。今では非難されそうですが，夜遅くまで，話し合い，学習材づくりに専心していました。一体，緒川小学校の教師たちを研究開発に駆りたてた熱意はどこから来ていたのであろうかと，半ば第三者の立場に立っていた私は考えさせられていました。やがて，その答えを得る機会に恵まれました。

緒川小学校は1981年から1985年まで毎年2日間連続の研究発表会を開いてきていました。何回目の研究発表会だったか記憶がはっきりしませんが，発表会が終わり，PTAの方も含んで反省会が開かれました。そこで，当時懐妊していた女性教師が「子どもが生まれたら，この学校で学ばせたい」と言ったのです。「子どもたちが生き生きと楽しく学ん

でいるから，自分の子もここで学ばせたい」と。宴会は一瞬のうちに有頂天に達し，満ち足りた雰囲気が漂い，次の瞬間，"もう一度，乾杯"という声が響きわたりました。また，あるテレビ局の方が高学年の子どもたちにインタビューしているのですが，ある男の子が「ぼく，大きくなったら，この学校の先生になりたい」と答えているのです。なんと言うか，今ではめったに聞かない言葉ですが，教師たちは，まさに「教師冥利に尽きる」と感じていたと確信しています。

3 「指導の個別化」と「学習の個性化」で教育課程を整えた

　もちろん，私自身，先生たちの熱意と情熱を，我が事のように，「誇らしく」感じていました。同時に，私は，こうした先生たちの改革の動きは「生活学校」に近いもので，「学習学校」という原則も持つべきだと考えていました。言うまでもなく，一人ひとり子どもの学習活動が中心となる「学習学校」です。

　少し前までは，多くの学校の校長室には，教育に関するいろいろな四文字熟語が掲げてありました。「教師冥利」もその一つですが，禅宗で使われてきたと言われる「啐啄同時（機）」もまたその一つです。「啐」はひなが卵の殻を割って出ようとして鳴く声，「啄」は母鳥が殻をつつき割る音です。両者が「同時（機）」する，師弟の絶妙な"阿吽の呼吸"作用を意味してきたように思えるのですが，教師の指導と子どもの学習をどのようなかかわり合いでとらえるべきか，具体的にイメージできず，疑問に思っていました。

　この疑問を解く手がかりは，留学時に学んだ「ヘゲモニー（主導権）」という概念でした。私は「啐啄同時（機）」という考え方を考え直し，子どもたちの「自ら学ぶ力」の育成を目指す新しいあり方を得たいと考えていました。そこで考え付いたことは，教育内容を縦軸に，教育方法を横軸にとり，教師と子どもたちからなる「4領域マトリックス」（図1，

25ページ）でした。第1，2領域に「指導の個別化」，第3，4領域に「学習の個性化」という名称を与えることを考えつきました。

　次の研究開発の段階は「生活学校」と「学習学校」のバランスを実現することと考えていた私は，自分の考えを先生たちに伝える機会を何度か持つことにしたのです。「自己教育力（自ら学ぶ力）」の育成という学校の教育目標を実現するためにも，授業時数の8割以上を占める「教科」領域での教育活動と方法の研究開発に移ることを提案したのです。

　いつの時代もそうですが，どの学校も，「基礎学力」の定着を図るという課題にさらされていました。緒川小学校も例外ではありませんでした。前任校の武豊小学校で行われていた算数の計算と国語の漢字の分野を対象としたドリル学習を導入したいと提案されたのは安藤教務主任でした。「はげみ学習」という名称は先生方がつけました。無学年制にして，自己チェックをベースに「つまずき点での治療的支援」を充実するという条件で実践が始まりました。同時に，県の算数科の研究指定を引き継ぐ形で，算数と国語の授業で一斉指導を補充することを目指して「マスタリー学習（完全習得学習）」を充実させることになりました。

　2，3年遅れて，理科や社会科に「自ら学ぶ力」の育成を目指す「週間プログラム」の導入を始めました。この「週間プログラム」というネーミングですが，後に「メタ認知力」につながる，主体的で，自立的な自ら学ぶ力の育成にかかわって作り出された緒川小学校独自のプログラム名です。私が最も深くかかわったのがこのプログラムでした。

　私は1968年から4年間，ウィスコンシン大学に留学していて，特に，後半の2年間は，大学附属の「個別支援教育（IGE）研究センター」の実験小学校でTA（研究助手）をしています。この学校はオープン・スペースを持った学校で，先生方は低学年（1〜3年）と高学年（4〜6年）に分かれてティーム・ティーチングを行っていました。同時に，かなり多くのオープン・スクールを参観しています。緒川小学校でアメリ

カでの経験を十分生かせたと思っています。

　こうした学校での研究開発を「指導の個別化」と「学習の個性化」という枠組みからまとめ，1982 年，『個別化教育入門』（教育開発研究所）を刊行することができたのは幸運でした。安藤先生曰く，"加藤さんはまとめるのがうまい" と，生前，2，3 度言われましたが，私に言わせれば，"加藤さんは，私たちの研究と実践を利用して，名を挙げた" と言いたかったのだと思います。その通りで，この本は緒川小学校の先生方の創造と努力がベースになっています。

4　"週間プログラム" を開発して「自己教育力」の育成を目指した

　1981 年の研究発表会が終わり，6 つの「態様」に基礎を置いた「生活学校」づくりの段階を超えたように感じたのは私だけではなかったと思います。次の研究開発の段階は「学習学校」づくりに移していくことにも，先生たちの間に合意ができていたと思います。しかし，より根本的な課題が残ったままであると感じられていたことも確かでした。それは，"オープン・スペース" の活用をめぐる課題でした。

　緒川小学校がオープン・スクールとして全面改築された 1983 年当時，オープン・スペースを持った学校は全国に約 10 校でした。1985 年，文部省がオープン・スペースに補助金を与えて以来，急速にその数が増加していきました。したがって，緒川小学校にはオープン・スペースをどう活用していくべきか，というプレッシャーが大きくのしかかっていた，と思います。

　私は，まず，従来の授業は「マン・ツー・マン（教師が子どもに）」システム，私たちの目指す授業は「マン・ツー・エンバイロメント（子どもが学習環境に）」システムと識別することを提案しました。先生たちは，具体的に，6 つの「態様」にベースを置いた教育活動におけるス

ペース活用について，共通理解を目指しました。先生たちの中心的な関心は，スペースに子どもたちが自力で立ち向かうことのできる学習環境を設けることでした。特に，理科や社会科での一人学びを原則とする「週間プログラム」のために，学習環境を整えることでした。具体的には，「学習の手引き（ガイド）」という1枚のシートに導かれた数枚からなる"セット学習材"（学習パッケージ）を開発し，他方，スペースに，学習の手引きに導かれた子どもたちの学習活動に必要な学習環境を整えるというものです。

　この開発は多大の時間とエネルギーを要する作業で，先生たちの負担はとても大きなものだったと思います。したがって，長期休暇を活用し，学期に1つのパッケージを開発するようにしてはと提案しました。時間的な経緯で言えば，次の20年間，子どもが豊かな学習材で構成される学習環境と相互作用を繰り返しながら学習を進めていく「マン・ツー・エンバイロメント（子どもが学習環境に）」システムの確立に費やされたと思っています。

(参考文献：加藤幸次編集『学習環境の改善』国立教育会館，1995年。加藤幸次・佐久間茂和編著『個性を生かす学習環境づくり』ぎょうせい，1992年)

5　地域・PTAからの貴重な支援を得てきた

　言うまでもないことですが，こうした大きな教育課程の改革は学校だけで行えることではありません。単に地域・PTAの理解を得るというレベルを超えて，具体的な支援を得なければ成し遂げられるものではありません。

　緒川小学校のPTAの方々のご協力が思い出されます。特に，全国から多数の先生方が参加してくる研究発表会の準備や案内でご協力いただいたこと，給食や図書・学習材の整理整頓でお世話をいただいたこと，

「オープン・タイム」で子どもたちの学習活動を支援していただいたことなどが印象に残っています。今日各地で進められている「コミュニティ・スクール」構想に先鞭をつけた試みでした。

　付け加えておきますが，私たちのグループは緒川小学校，卯ノ里小学校，池田小学校（岐阜県池田町）の3つのオープン・スクールが20年経過したところで，卒業生に対して「追跡調査」をしています。「小学校の授業は楽しかったですか」という項目について，「楽しかった」と答えてくれた卒業生は3校合わせて81.2％（一般校71.2％）で，「もう一度学んだ小学校で学びたいか（中・高校生），自分に子どもができたとき，子どもを卒業した小学校に入学させたいか（大学生・社会人）」と尋ねた項目は，「学びたい」と「入れたい」と答えてくれた卒業生は77.0％（一般校63.0％）でした。調査では，その理由も聞いていますが，うれしいことに，極めて，好意的でした。（日本個性化教育学会研究紀要『個性化教育研究』第6号，2014年）

6　改めて「初志貫徹」と行きたい

　「初志貫徹」という格言も，少し前までは，多くの学校でよく見かけたものです。今年，緒川小学校が全面改築され，オープン・スクールになって，45年目が終わろうとしています。まさに「光陰矢のごとし」です。

　誇るべきことですが，緒川小学校の実践について，たくさんのテレビ放送がなされました。たくさんの新聞記事も書かれました。研究発表会には，有名な教育学者をお招きし，講演していただきました。また，アメリカ，中国，台湾，韓国からたくさんの訪問者を迎えてきました。中でも，台湾の台北市に新設された永安小学校，中国の長春市にある東北師範大学附属小学校との交流は何度も重ねてきています。いつの日か，教育学を目指す学生や研究者がこれらの記録を見返す日が来ると確信し

ています。緒川小学校は日本の教育史に新しい 1 ページを加えたこと
は確かです。

　今年，学校を訪問したとき，後 5 年すると 50 周年になると言われ，
私もあと 5 年は命を長らえ，皆さんと一緒に祝いたいという希望が湧
いてきました。緒川小学校に遭遇する前は，学部時代に歴史教室に属
していたこともあって，大学院ではイギリス教育史に関心を持ってい
ました。幸い，アメリカに留学して，指導教官が J. デューイ研究者の
H . クリバードであったこともあって，学校教育に傾いていきました。
さらに，IGE プロジェクトの実験小学校の実践にかかわりました。将来
の専攻分野をどうするのか，決めかねていました。1973 年，国立教育
研究所に雇われた理由はニューヨーク日本人学校を開設することでした
ので，開設の後，帰国子女教育あるいは国際教育の分野で活動すること
も考えていました。

　1977 年，東浦町のオープン・スクールに，幸運にも遭遇しました。
自ずと，専攻分野が決まったと言えるのです。教員養成大学を出て，地
元半田市の中学校で 2 年勤めた人間が，長い回り道をして，学校教育
学にやっとたどり着けたということです。緒川小学校の 45 年間の奮闘
にかかわることができ，充実した研究生活が過ごせたと，こころより感
謝しています。

　※この「おわりに」は緒川小学校『自ら学ぶ子：個性化教育』2023 年 3
　　月に掲載したものの再掲載です。

著者紹介
加藤幸次

1937 年，愛知県に生まれる。

名古屋大学大学院，ウィスコンシン大学大学院修了。

現在：上智大学名誉教授，日本個性化教育学会会長，グローバル教育学会顧問，元アメリカ教育学会会長，元異文化間教育学会理事長。

著書：『ティーム・ティーチングの考え方・進め方』黎明書房，1993 年。

『総合学習の実践』黎明書房，1997 年。

『中学校の総合学習の考え方・進め方』黎明書房，1998 年。

『総合学習のためのポートフォリオ評価』黎明書房，1999 年。

『学力低下論批判』黎明書房，2001 年。

『小学校 個に応じる少人数指導』黎明書房，2002 年。

『学力向上をめざす個に応じた国語・算数の指導（小学校）』黎明書房，2004 年。

『学力向上をめざす個に応じた国語・数学・英語の指導（中学校）』黎明書房，2004 年。

『学力向上をめざす個に応じた理科・社会の指導（小学校）』黎明書房，2004 年。

『学級担任が教える小学校の英語活動』黎明書房，2006 年。

『教員免許更新制と評価・認定システム』黎明書房，2008 年。

『ウェビング式教員免許更新のための必修講習ガイドブック』黎明書房，2009 年。

『分厚くなった教科書を活用した 40 の指導法』黎明書房，2011 年。

『大学授業のパラダイム転換』黎明書房，2014 年。

『そこが知りたい！ 小学校の英語指導 50 の疑問』黎明書房，2016 年。

『アクティブ・ラーニングの考え方・進め方』黎明書房，2016 年。

『カリキュラム・マネジメントの考え方・進め方』黎明書房，2017 年。

『教科等横断的な教育課程編成の考え方・進め方』黎明書房，2019 年。

『個別最適な学び・協働的な学びの考え方・進め方』黎明書房，2022 年。

学校 Ｄ Ｘ と 「個に応じた学習」 の展開

2024 年 1 月 31 日　初版発行

著　者	加　藤　幸　次	
発行者	武　馬　久仁裕	
印　刷	藤原印刷株式会社	
製　本	協栄製本工業株式会社	

発　行　所　　　　　　　株式会社　黎　明　書　房

〒 460-0002　名古屋市中区丸の内 3-6-27　ＥＢＳビル

☎ 052-962-3045　FAX052-951-9065　振替・00880-1-59001

〒 101-0047　東京連絡所・千代田区内神田 1-12-12　美土代ビル 6 階

☎ 03-3268-3470

加藤幸次著　　　　　　　　　　　　　　　　　　A 5 判　150 頁　2200 円

個別最適な学び・協働的な学びの考え方・進め方

個に応じた指導のより一層の充実を目指して／「指導の個別化・学習の個性化」教育に長年取り組んできた著者が，一斉学習を越えた探究する学習活動などを詳述。

加藤幸次著　　　　　　　　　　　　　　　　　　A 5 判　154 頁　2100 円

教科等横断的な教育課程編成の考え方・進め方

資質・能力（コンピテンシー）の育成を目指して／「教科等横断的な教育課程」の編成の仕方や学習方法を詳述。実際に進める際に参考となる実践例も多数紹介。

加藤幸次著　　　　　　　　　　　　　　　　　　A 5 判　191 頁　2400 円

カリキュラム・マネジメントの考え方・進め方

キー・コンピテンシーを育てる学校の教育課程の編成と改善／学校が地域社会と連携・協働して行う「カリキュラム・マネジメント」の考え方・進め方を詳述。

加藤幸次著　　　　　　　　　　　　　　　　　　A 5 判　155 頁　2100 円

アクティブ・ラーニングの考え方・進め方

キー・コンピテンシーを育てる多様な授業／「資質・能力（キー・コンピテンシー）」を育成するアクティブ・ラーニングについて，10 の授業モデルを提示し詳述。

加藤幸次・伊藤静香著　　　　　　　　　　　　　A 5 判　129 頁　2000 円

そこが知りたい！　小学校の英語指導 50 の疑問

あなたも英語が教えられる／「使える英語」を目指す，小学校 3, 4 年「英語活動」, 5, 6 年「英語科」の授業に対応するための本。

加藤幸次著　　　　　　　　　　　　　　　　　　A 5 判　144 頁　2000 円

分厚くなった教科書を活用した 40 の指導法

今度こそ「教科書"で"教えよう」／教科書を効率よく使って，詰め込みにならずに，学習指導要領の示す各教科の目標を確実に達成する 40 の方法を具体的に紹介。

加藤幸次著　　　　　　　　　　　　　　　　　A 5 判上製　191 頁　3600 円

大学授業のパラダイム転換　ICT 時代の大学教育を創る

今，実現すべき，ICT 時代の大学授業のあり方，学習環境のあり方などについて詳述。講義式授業にとらわれない双方向的な大学授業モデルを提示。大学関係者必読の書。

表示価格は本体価格です。別途消費税がかかります。

■ホームページでは，新刊案内など，小社刊行物の詳細な情報を提供しております。
　「総合目録」もダウンロードできます。http://www.reimei-shobo.com/

表示価格は本体価格です。別途消費税がかかります。